AF389668

SERVICE INTÉRIEUR

DES

TROUPES A CHEVAL.

V

52764

Imprimerie de Cosse et J. Dumaine,
rue Christine, 2.

SERVICE INTÉRIEUR

DES

TROUPES A CHEVAL.

EXTRAIT

de l'ordonnance du 2 novembre 1833,

AUGMENTÉ

DE TOUTES LES DISPOSITIONS EN VIGUEUR

EN CE QUI CONCERNE

LES SOUS-OFFICIERS, BRIGADIERS ET CAVALIERS.

BIBLIOTHÈQUE IMPÉRIALE MILITAIRE

PARIS,

LIBRAIRIE MILITAIRE

J. DUMAINE, LIBRAIRE-ÉDITEUR DE **L'EMPEREUR**

Rue et passage Dauphine, 30.

1857

SERVICE INTÉRIEUR

DES

TROUPES A CHEVAL.

PRINCIPES GÉNÉRAUX DE LA SUBORDINATION.

La discipline faisant la force principale des armées, il importe que tout supérieur obtienne de ses subordonnés une obéissance entière et une soumission de tous les instants; que les ordres soient exécutés littéralement, sans hésitation ni murmure; l'autorité qui les donne en est responsable, et la réclamation n'est permise à l'inférieur que lorsqu'il a obéi.

Si l'intérêt du service demande que la discipline soit ferme, il veut en même temps qu'elle soit paternelle; toute rigueur qui n'est pas de nécessité, toute punition qui n'est pas déterminée par le règlement, ou que ferait prononcer un sentiment autre que celui du devoir; tout acte, tout geste, tout propos outrageant d'un supérieur envers son subordonné, sont sévèrement interdits. Les membres de la hiérarchie militaire, à quelque degré qu'ils y soient placés, doivent traiter leurs inférieurs avec bonté, être pour eux des guides bienveillants, leur porter tout l'intérêt, et avoir envers eux tous les égards dus à des hommes dont la valeur et le dévouement procurent leurs succès et préparent leur gloire.

La subordination doit avoir lieu rigoureusement de grade à grade; l'exacte observation des règles qui la garantissent, en écartant l'arbitraire, doit maintenir chacun dans ses droits comme dans ses devoirs.

Le cavalier doit obéir au brigadier, le brigadier au

fourrier (1) et au maréchal des logis, le fourrier et le maréchal des logis au maréchal des logis chef, le maréchal des logis chef à l'adjudant, l'adjudant au sous-lieutenant, le sous-lieutenant au lieutenant en second, le lieutenant en second au lieutenant en premier, le lieutenant en premier à l'adjudant-major et au capitaine en second, le capitaine en second au capitaine commandant, l'adjudant-major et le capitaine commandant au major et au chef d'escadrons, le major et le chef d'escadrons au lieutenant-colonel, le lieutenant-colonel au colonel, le colonel au général de brigade, le général de brigade au général de division, le général de division au général de division commandant en chef et au maréchal de France.

---

(1) *Le brigadier-fourrier commande à tous les brigadiers et obéit au maréchal des logis fourrier et aux maréchaux des logis* (Ordonnance du 16 mars 1838 sur l'avancement).

La hiérarchie des musiciens est toute spéciale, et ne comporte l'exercice d'aucun des grades militaires proprement dits:

Pour sa spécialité, le chef de musique ne relève que du chef de corps; pour le service militaire, il relève des officiers supérieurs, des adjudants-majors et de l'officier d'habillement

Pour sa spécialité, le sous-chef de musique ne relève que du chef de musique; quant au service militaire, il relève de tous les officiers.

Les musiciens de 1re, 2e et 3e classes sont subordonnés d'une manière absolue et pour tous les détails du service, tant spécial que militaire, au chef de musique, et subsidiairement au sous-chef. Ils relèvent en outre, quant au service militaire, de tous les officiers et adjudants sous-officiers.

Les règles générales déterminées par l'ordonnance du 2 novembre 1833 sur le service intérieur des corps de troupe sont applicables aux musiciens. (Décret du 16 août 1854; Règlement du 25 du même mois et Décision impériale du 5 mars 1855).

Indépendamment de cette subordination au grade, la discipline exige, à grade égal, la subordination à l'ancienneté, en tout ce qui concerne le service général et l'ordre public. Ainsi plusieurs militaires du même grade, de service ensemble, qu'ils soient ou non du même corps et de même arme, doivent obéissance au plus ancien d'entre eux, comme s'il leur était supérieur en grade (1).

Même hors du service, les supérieurs ont droit à la déférence et au respect de leurs subordonnés.

TITRE PREMIER.

FONCTIONS INHÉRENTES A CHAQUE GRADE.

CHAPITRE PREMIER.

COLONEL.

Nominations faites par le colonel. Demandes soumises aux généraux.

4. Le colonel prononce le passage des cavaliers à la première classe, et nomme, conformément aux lois et ordonnances, aux emplois de brigadier et de sous-officier.

Il fait passer un sous-officier, brigadier ou cavalier d'un escadron dans un autre, lorsque le bien du service le lui fait juger nécessaire : il prend à cet égard l'avis du commandant de l'escadron dont le militaire fait partie, et celui du chef d'escadrons.

---

(1) *A parité d'ancienneté, le commandement appartient au plus ancien dans le grade précédent.* (Article 100 de l'ordonnance du 3 mai 1832).

CHAPITRE III.

CHEFS D'ESCADRONS.

Surveillance générale.

19. Les chefs d'escadrons surveillent la discipline, le service, la tenue, l'entretien des effets de toute nature, les chambres et les ordinaires des escadrons sous leurs ordres.

Ils dirigent, sous les ordres du lieutenant-colonel, l'un l'instruction à pied, l'autre l'instruction à cheval.

Ordinaires.

20. Ils s'assurent de temps à autre si les livrets d'ordinaire sont tenus avec soin ; si tous les articles de recettes et de dépenses y sont inscrits ; si les retenues faites aux travailleurs et aux garnisaires, ou provenant des punitions y sont versées régulièrement : si la nourriture est saine ; si les centimes de poche sont payés exactement ; enfin, si les capitaines apportent à la surveillance de cette partie importante du service toute la sollicitude qu'elle réclame.

Ils s'assurent en outre que les capitaines provoquent, de tout leur pouvoir, la concurrence entre les bouchers, boulangers et autres fournisseurs, afin d'obtenir les denrées de la meilleure qualité et au plus bas prix possible ; que ces officiers empêchent, par de fréquentes investigations, qu'aucune remise, qu'aucun arrangement illicite n'aient lieu entre les fournisseurs et les chefs d'ordinaire ; qu'ils les font cesser lorsqu'ils en découvrent ; qu'ils exigent alors que le fournisseur soit changé ; qu'ils punissent sévèrement le chef d'ordinaire, et demandent toujours la suspension et, au besoin, la cassation du brigadier coupable ; et enfin qu'ils donnent connaissance aux fournisseurs de ces dispositions, ainsi que de l'obligation imposée aux chefs d'ordinaire de payer comptant.

Visites des chambres.

26. Il visite souvent les chambres, particulièrement

aux heures des repas, et rend les capitaines et subsidiairement les officiers de peloton responsables de leur bonne tenue ; il leur fait prescrire de s'y trouver pendant sa visite, lorsqu'il le juge convenable.

Il visite également les cuisines, l'infirmerie et les salles de discipline.

CHAPITRE VII.

TRÉSORIER.

Prêt et subsistances.

62. Tous les cinq jours, il fait le prêt à chaque maréchal des logis chef sur une feuille signée par le capitaine commandant, et dont il vérifie l'exactitude.

Il établit, signe et enregistre les bons de subsistances et de chauffage.

CHAPITRE VIII.

OFFICIER D'HABILLEMENT.

Distribution et marque des effets.

65. Il ne distribue ni armes ni effets que sur un bon nominatif du capitaine commandant, visé par le major.

Les effets d'habillement, de grand équipement, de harnachement et d'armement sont, avant d'être distribués aux escadrons, empreints, par ses soins, des marques prescrites par les règlements, sauf celle du numéro matricule de l'homme, qui est appliquée dans les escadrons par les soins des capitaines commandants.

Réparations.

66. Les réparations sont faites sur des bons signés par le capitaine commandant, qui spécifie au compte de quelle masse elles doivent être imputées. Un maréchal des logis ou un brigadier, porteur du bon, accompagne au magasin d'habillement le cavalier, muni de l'effet à réparer. L'officier d'habillement vise le bon, après avoir reconnu que la réparation est exprimée comme elle doit l'être, et réellement imputable sur la masse désignée ; s'il y a contestation, le différend est jugé par le major, et, au besoin, par le conseil d'administration.

L'officier d'habillement, avant de rendre les effets, s'assure que la réparation a été bien faite..

CHAPITRE X.

CHIRURGIEN – MAJOR ET CHIRURGIENS AIDES-MAJORS (1).

Visite journalière au quartier.

70. Tous les matins, avant le rapport, le chirurgien-major fait sa visite au quartier, après avoir pris au corps de garde les billets que les maréchaux des logis chefs y ont déposés pour lui indiquer les hommes qui ont besoin de ses soins, et ceux qui sont rentrés la veille des hôpitaux. Dans sa tournée, il observe ce qui intéresse la salubrité des chambres.

Quand il y a des malades à la salle de police, en prison ou au cachot, il en est prévenu par le maréchal des logis de garde; il envoie à l'hôpital ceux dont l'état l'exige.

Infirmerie.

74. Le chirurgien-major est tenu de traiter au régiment les maladies légères, les maladies vénériennes et cutanées simples.

Un brigadier du peloton hors rang est attaché à l'infirmerie, et y fait exécuter les ordres qu'il reçoit des chirurgiens (2).

---

(1) *Aujourd'hui médecin-major et médecins aides-majors depuis le décret organique du 23 mars 1852.*

(2) *Le brigadier second prévôt est chargé des détails de l'infirmerie régimentaire (Décision ministérielle du 11 février 1834).*

Un sous-officier, secondé par un brigadier chargé de l'ordinaire, un soldat infirmier chargé de la tisanerie et de la cuisson des aliments, et un soldat pour vingt hommes à l'infirmerie pour les bains, pourraient suffire à la police et à la tenue de la comptabilité de l'infirmerie, ainsi qu'aux soins à donner à des militaires atteints de maladies peu graves (Circulaire du 28 janvier 1839).

Exemptions de service.

72. Aucun homme n'est exempt de service pour cause de maladie ou d'accident que sur un certificat du chirurgien-major. Ce certificat n'est donné qu'après un examen scrupuleux, et jamais pour plus de quatre jours, sauf à le renouveler.

CHAPITRE XI.

CAPITAINE COMMANDANT.

Responsabilité.

81. Le capitaine commandant est responsable de la police, de la discipline et de la tenue de son escadron : il l'est également des parties de l'instruction qui doivent être enseignées dans les chambres et aux écuries, telles que les règles de discipline, de tenue et de service intérieur ; les dispositions du Code pénal, surtout celles relatives à la désertion ; le service des cavaliers de garde dans les places et en campagne, le soin des armes et des effets d'habillement, d'équipement et de harnachement, le paquetage, le pansage des chevaux, la manière de seller, desseller, brider, débrider, etc.

Prêt.

83. Le capitaine commandant signe la feuille de prêt, après l'avoir vérifiée et avoir pris note de la somme à recevoir chez le trésorier ; à l'heure indiquée, le maréchal des logis chef va en toucher le montant ; il le remet au capitaine immédiatement après (1).

Le prêt se divise en deux parties : la première est destinée aux dépenses de l'*ordinaire* ; la seconde est payée, comme *centimes de poche*, aux hommes qui vivent à l'ordinaire.

----

(1) *Le montant de la feuille de prêt peut être payé au maréchal des logis chef, sur la présentation de cette feuille revêtue de l'acquit du capitaine.*

Le maréchal des logis chef remet sur-le-champ au capitaine la somme qu'il a touchée chez le trésorier.

Le capitaine est responsable des sommes payées, sur ses quittances, à ce sous-officier. (Articles 153 et 157 de l'ordonnance du 10 mai 1844.)

Chaque brigadier ou cavalier doit verser à l'ordinaire dix-huit centimes par jour, avec les vivres de campagne, trente-trois centimes avec le pain en garnison, et quarante-trois centimes avec le pain en marche (1). Lorsque, dans quelques localités, le prix des comestibles sort des proportions communes, le colonel peut, avec l'approbation du maréchal de camp, faire verser temporairement à l'ordinaire une plus forte partie du prêt; dans aucun cas, le cavalier ne peut recevoir moins de cinq centimes de poche. (Ord. du 5 décembre 1840.)

Le capitaine charge le maréchal des logis-chef de distribuer, chaque jour, aux brigadiers d'ordinaire, l'argent nécessaire pour les dépenses du lendemain.

Il ne remet à ce sous-officier, et celui-ci ne paie que le premier jour du prêt suivant, la solde des sous-officiers, celle des hommes qui ne vivent pas à l'ordinaire, celle des enfants de troupe, les centimes de poche et les hautes paies.

Il veille à ce qu'il ne soit fait sur l'argent de poche d'autre retenue que celle qui est prescrite pour les hommes punis de la prison ou du cachot.

Les centimes de poche des hommes qui sont irrégulièrement absents le dernier jour du prêt sont versés à l'ordinaire.

Les hommes qui s'absentent avec permission sont payés des centimes de poche et des hautes paies jusqu'au jour de leur départ exclusivement.

Ordinaires.

84. Le capitaine commandant désigne alternativement, pour tenir les ordinaires, les brigadiers les plus aptes à cette fonction.

Il s'assure fréquemment par lui-même que les comestibles sont de bonne qualité et en quantité suffisante ; que le prêt est employé à sa destination, que les bouchers, les boulangers et les épiciers sont régulièrement

---

(1) *La décision impériale du 11 mars 1857 a augmenté ces versements de trois centimes.*

payés, et qu'ils inscrivent chaque jour leur quittance sur le cahier destiné à cet usage ; il empêche, par tous les moyens qui sont en son pouvoir, qu'aucun ne s'introduise dans la gestion de l'ordinaire.

Comptabilité.

86. Le maréchal des logis chef et le maréchal des logis fourrier sont les agents du capitaine commandant pour tout ce qui concerne l'administration et la comptabilité. Le capitaine commandant vérifie souvent les registres de l'escadron. Chaque trimestre, en faisant le décompte, compare le livre d'escadron avec lés livrets de sous-officiers et cavaliers. Il fait arrêter les comptes, et les signe sur le livre d'escadron et sur les livrets ; les hommes signent sur les livres d'escadron ; ceux qui ne savent pas signer font une marque, qui est légalisée par la signature du commandant du peloton.

Le capitaine commandant veille à ce que les hommes conservent constamment leurs livrets, et qu'il n'y soit fait d'inscription qu'en leur présence.

Quand le maréchal des logis chef est remplacé, le capitaine commandant vérifie et arrête ses comptes. Il ne peut rendre responsable le successeur qu'autant que celui-ci a assisté à cette vérification ou l'a faite lui-même.

Administration de la masse individuelle.

87. Les capitaines sont chargés, sous la direction spéciale du major, de pourvoir les sous-officiers et cavaliers des effets au compte de la masse individuelle ; ils sont tenus de se conformer aux échantillons et modèles adoptés ; ils doivent connaître les prix de confection, le prix, l'espèce et la qualité des matières qui entrent dans la confection.

Le capitaine commandant fait passer tous les mois, par les officiers de peloton, une revue générale des effets ; ces officiers lui proposent les remplacements et les réparations, et s'assurent que les livrets sont à jour. Le capitaine commandant ordonne de semblables revues, toutes les fois qu'il le juge nécessaire. Il en passe une ui-même avant la fin de chaque trimestre.

Réparations et remplacements d'effets.

88. Le capitaine met la plus sévère impartialité à imputer, soit à la charge du cavalier, soit au compte de l'État, ou des abonnements, suivant le cas, les réparations d'effets.

Services payés.

89. Il désigne, sur la proposition des officiers de peloton, les hommes qui ont besoin, pour améliorer leurs masses, de faire des services payés ; il ne permet pas qu'un homme fasse seul un service payé, à moins qu'il n'ait quatre nuits de repos entre chaque garde.

Perruquier.

90. Le cavalier chargé de la coupe des cheveux des sous-officiers, des brigadiers et des cavaliers, ne reçoit pour cet objet aucune rétribution, mais il est exempté de service ; le capitaine lui fait payer tous les mois, sur les fonds de l'ordinaire, dix centimes pour chaque homme qu'il rase ; il fait également remettre sur l'ordinaire dix centimes par mois à chaque homme qui se rase lui-même.

DISTRIBUTIONS.

Rassemblement et conduite des corvées.

107. Aux heures indiquées, le trompette de service sonne pour les distributions. Les brigadiers et les cavaliers sont en tenue d'écurie ; les fourriers font l'appel, les maréchaux des logis de semaine s'assurent, pendant ce temps, que pour les distributions de fourrages, les brigadiers et les cavaliers sont munis de cordes à fourrages, et qu'ils ont le nombre prescrit de sacs à distribution.

Les appels étant terminés et les rapports rendus par les officiers de semaine, le capitaine, aidé de l'adjudant de semaine, fait le rassemblement général par espèce de corvée ; il répartit les officiers. Les diverses corvées se mettent en marche ; le capitaine conduit celle des fourrages ; les officiers et les sous-officiers marchent sur le flanc de la troupe et maintiennent l'ordre.

L'officier chargé de la distribution entre au magasin pour examiner les denrées ; les maréchaux des logis et les fourriers restent en dehors pour le bon ordre, pendant que les escadrons attendent leur tour. Chaque escadron est alternativement servi le premier.

Lorsque le fourrage est transporté du magasin au quartier par des voitures, la corvée est tenue de les charger et décharger.

Envoi du fourrage au magasin de l'escadron.

109. Le maréchal des logis de semaine fait transporter à une distance convenable le fourrage de son escadron, à mesure qu'on le compte. Dès que la totalité est livrée, il le fait emporter ; le brigadier de semaine accompagne les hommes qui en sont chargés, et le recompte en l'emmagasinant ; il renvoie des cavaliers à la distribution pour rapporter l'avoine, s'il n'y en est pas resté à cet effet. Le fourrier ramène les hommes qui portent l'avoine ; le brigadier la fait déposer dans le coffre, et en remet la clef au maréchal des logis de semaine, qui la garde.

CHAPITRE XIII.

OFFICIER DE PELOTON.

Maintien de l'ordre dans le peloton.

111. L'officier de peloton maintient un ordre invariable dans son peloton ; il y excite l'émulation : il dirige et surveille les maréchaux de logis et les brigadiers sous ses ordres ; il étouffe avec soin tout germe de rixe, entretient l'union et le goût du service, et prend toujours pour règle l'impartialité et la justice.

Conservation des effets.

113. Il visite tous les jours son peloton ; il veille à ce que tous les effets d'habillement, d'armement, de grand et de petit équipement et de harnachement soient tenus constamment en bon état : il ne néglige aucun moyen d'en assurer la propreté et la conservation.

Il se fait rendre compte des effets qui sont perdus ou dégradés, surtout au retour des exercices; il recherche les causes des pertes ou dégradations, et en fait le rapport au capitaine commandant. Souvent, et à l'improviste, il fait la visite des effets d'un homme qu'il soupçonne d'inconduite.

Tenue des chambres.

114. Il est responsable de la tenue des chambres; le samedi, il s'assure qu'elles sont nettoyées à fond.

Revue mensuelle.

115. Vers la fin de chaque mois, au jour prescrit par le capitaine commandant, il passe une revue de tous les effets des hommes de son peloton; il vérifie si les livrets sont à jour et tenus avec exactitude; il remet au capitaine commandant l'état des réparations qu'il a jugées nécessaires à l'habillement, à la coiffure et au grand équipement, ainsi que celui des remplacements à faire au compte de la masse individuelle.

Lorsqu'un homme rentre après une absence qui a duré huit jours ou plus, l'officier de peloton passe la revue de ses effets.

Direction des ordinaires.

117. Lorsque les ordinaires se font par division, les lieutenants en ont la direction; lorsque les ordinaires se font par peloton, cette direction appartient aux officiers de peloton.

Ces officiers s'assurent que l'inscription du prêt et des divers produits qui augmentent la recette, est faite régulièrement sur les livrets d'ordinaire, et que la recette, à l'exception des centimes de poche, est employée uniquement à la nourriture et aux dépenses de propreté. Ils exigent que les fournisseurs soient payés tous les jours, et que le boucher, le boulanger et l'épicier donnent quittance sur un cahier qui est joint au livret d'ordinaire. Ils arrêtent ce cahier à la fin de chaque prêt; ils arrêtent en même temps et signent le compte de l'ordinaire. Ils font porter au nouveau prêt l'excédant de la recette ou de la dépense. Il n'est pas fait de décompte de l'excédant de recette, qui est destiné aux dépenses imprévues et à l'amélioration de l'ordinaire.

Le jour du prêt, l'officier chargé de la surveillance de l'ordinaire fait payer en sa présence, par le maréchal des logis chef aux chefs d'escouade, et par ceux-ci aux cavaliers, les centimes de poche du prêt échu.

Détails de tenue et de propreté.

118. L'officier de peloton veille à la propreté personnelle des cavaliers ; il surveille avec un soin particulier l'entretien des armes et du harnachement, la conservation et le blanchîment de la buffleterie.

Le samedi, avant la soupe du soir, il s'assure que les cavaliers ont mis leurs effets dans le plus grand état de propreté ; il consigne au quartier, jusqu'à l'appel, ceux qui auraient négligé ce devoir. Il veille à ce que les brigadiers fassent battre les couvertures, les matelas, les schabraques et les manteaux.

Instruction des recrues dans les chambres.

119. Il tient la main à ce que les hommes de recrue soient instruits, par les maréchaux des logis et les brigadiers, de tous les détails du service, de la discipline, de la tenue, de l'entretien et de l'arrangement des effets de toute nature ; il les interroge souvent pour s'assurer si cette disposition a lieu.

Le premier samedi de chaque mois, il fait faire en sa présence la lecture du Code pénal militaire, et surtout des dispositions relatives à la désertion ; il la fait faire aux recrues aussitôt après leur arrivée.

SERVICE DE SEMAINE.

Appel du soir.

154. A l'heure de l'appel du soir, l'officier de semaine passe dans les chambres, accompagné du maréchal des logis chef, et fait faire l'appel par le brigadier de chambrée. Il signe le billet d'appel, et le remet à l'adjudant-major de semaine, dans la salle du rapport. Il attend l'ordre de l'adjudant-major pour se retirer.

CHAPITRE XV.

ADJUDANTS.

Fonctions.

135. Les adjudants ont autorité et inspection immédiate sur les sous-officiers et les brigadiers, pour tout ce qui a rapport au service et à la discipline. Ils observent le caractère et surveillent la tenue, la conduite privée et les progrès des sous-officiers. Ils sont sous les ordres immédiats des adjudants-majors, à qui ils doivent des rapports sur tout ce qui est relatif au service et au bon ordre.

Étrangers entrant au quartier.

136. Les étrangers qui se présentent pour entrer au quartier sont conduits par les soins du maréchal des logis de garde à l'un des adjudants. Les adjudants n'autorisent l'entrée que de ceux qui y ont affaire, et ils les font respecter. Ils veillent avec un soin particulier à ce qu'il ne s'y introduise ni gens sans aveu, ni femmes de mauvaise vie.

Répartition du service entre les adjudants.

137. Les adjudants alternent pour le service de semaine ; celui qui n'est pas de semaine est chargé, sous la direction de l'adjudant-major, d'aider l'autre adjudant pour les rassemblements relatifs aux classes d'instruction, aux distributions, etc.

Dans une place, l'adjudant qui n'est pas de semaine est en outre chargé d'aller tous les matins à l'état-major, muni du livre d'ordre et du rapport ; après avoir inscrit l'ordre de la place et tous les détails relatifs au service, il se rend chez le colonel, qui lui donne ses instructions particulières, et ensuite chez l'adjudant-major de semaine, qui en assure l'exécution.

Il communique ces ordres au lieutenant-colonel avant la garde montante.

Police des garnisons.

138. Dans les villes où il n'y a pas d'état-major de place, les adjudants secondent les adjudants-majors dans le service et la police militaire de la garnison. Ils doivent plus particulièrement alors prendre connaissance des auberges et autres lieux publics fréquentés par les soldats, afin de pouvoir y diriger les patrouilles, et y faire la recherche des hommes qui manqueraient aux appels ou qu'on aurait vus dans un état d'ivresse.

L'adjudant sortant de semaine réunit le matin, une demi-heure après le réveil, les rapports des chefs de postes. Il les porte à l'heure indiquée à l'officier supérieur commandant la place.

Cas d'absence.

139. Un adjudant absent est remplacé par un maréchal des logis chef, désigné par le colonel, sur la proposition du lieutenant-colonel.

SERVICE DE SEMAINE.

Devoirs généraux.

140. L'adjudant de semaine est sous les ordres directs de l'adjudant-major de semaine. Il lui rend compte de l'exécution des ordres donnés et de tout ce qui se passe au quartier en son absence. Dans les circonstances imprévues, il peut, si l'adjudant major n'est pas au quartier, faire directement son rapport au chef d'escadrons de semaine, au lieutenant-colonel et même au colonel.

En prenant le service, il reçoit de l'adjudant qu'il relève, 1° le contrôle des sous-officiers et brigadiers pour commander le service ; 2° l'état des sous-officiers et brigadiers qui entrent en semaine avec lui; 3° le livre d'ordres de l'état-major. Il affiche dans la salle du rapport la liste des officiers, sous-officiers et brigadiers de semaine.

Il surveille spécialement le service des maréchaux des logis et brigadiers de semaine et de planton au quartier, la garde de police, le trompette de garde et le piquet, lorsqu'il est commandé par un sous-officier.

Il se trouve aux appels, au rassemblement de la garde, au départ des détachements et aux réunions de la totalité ou d'une partie du régiment (1).

Sonneries.

141. Il est responsable de la ponctualité des sonneries, lors même qu'il se fait suppléer, à cet égard, par le maréchal des logis de garde.

Les sonneries pour le service journalier sont habituellement fixées aux heures suivantes :

Le réveil, à quatre heures et demie, pendant les mois de mai, juin, juillet et août ; à cinq heures, pendant les mois de mars, avril, septembre et octobre ; à six heures, pendant les mois de novembre, décembre, janvier et février.

Le déjeûner des chevaux, un quart-d'heure après le réveil.

L'appel et le pansage, une heure après le déjeûner des chevaux.

L'abreuvoir, après le pansage, au signal qu'en fait donner l'adjudant-major.

La soupe du matin, à neuf heures, depuis le 1er mars jusqu'au 1er novembre ; à dix heures, depuis le 1er novembre jusqu'au 1er mars.

La corvée de propreté, après la soupe mangée.

Le rassemblement de la garde, à onze heures et demie.

Le dîner des chevaux, à midi.

L'appel pour le pansage du soir, à deux heures.

L'abreuvoir, après le pansage.

---

(1) *Les adjudants sous-officiers de semaine sont tenus de visiter, au moins une fois par jour, les infirmeries régimentaires et les salles de convalescents, afin d'y assurer le maintien de la discipline, ainsi que l'exécution des prescriptions et des ordres donnés par les officiers de santé.* (Décision ministérielle du 24 mars 1844.)

<table>
<tr><td rowspan="2">La soupe
du soir,</td><td>à cinq heures, depuis le 1er mars jusqu'au 1er novembre ;</td></tr>
<tr><td>à quatre heures , depuis le 1er novembre jusqu'au 1er mars.</td></tr>
<tr><td rowspan="3">Le souper
des
chevaux,</td><td>à sept heures, pendant les mois de novembre, décembre, janvier et février ;</td></tr>
<tr><td>à sept heures et demie, pendant les mois de mars, avril, septembre et octobre ;</td></tr>
<tr><td>à huit heures, pendant les mois de mai, juin, juillet et août.</td></tr>
</table>

Le rassemblement des trompettes, un quart-d'heure avant la retraite.

La retraite, à l'heure ordonnée par le commandant de place.

L'appel, une demi-heure après la retraite.

L'extinction des lumières, à dix heures.

Les heures des rassemblements pour l'instruction pratique et théorique sont fixées par le tableau du service journalier.

Le travail à cheval a toujours lieu dans la matinée. Lorsqu'en été les chaleurs nécessitent qu'on monte à cheval avant le pansage du matin, les chevaux sont bouchonnés et épongés ; ils reçoivent la moitié du repas d'avoine du matin ; l'autre moitié leur est donnée après le pansage, qui se fait à la rentrée du terrain d'exercice.

L'instruction à pied a lieu ordinairement entre l'heure du rassemblement de la garde et le pansage du soir ; dans les grandes chaleurs, elle est remise après la soupe.

Quand le climat, le service ou l'instruction exigent des changements dans les heures des sonneries, ces changements sont ordonnés par le colonel.

Garde montante et parade.

142. L'adjudant de semaine rassemble la garde montante et place à la gauche les ordonnances et plantons.

Lorsque l'adjudant-major a passé l'inspection des hommes de service, l'adjudant forme les postes ; il a soin que les hommes du même escadron soient, autant

que possible, placés dans le même poste, à l'exception
du poste de la garde de police, qui est formé d'hommes
de tous les escadrons. Il réunit ensuite le peloton des
sous-officiers d'ordre composé des maréchaux des logis
chefs, des maréchaux des logis et brigadiers de semaine;
il le forme sur deux rangs en face de la garde; il en
passe l'inspection.

Il fait défiler la garde, si elle n'est pas commandée
par un officier. Lorsque la garde a défilé, il fait former
le cercle, et commande le service des sous-officiers et
cavaliers pour le lendemain.

S'il y a parade pour la garnison, et qu'il n'y ait pas
d'officier de service, l'adjudant conduit la garde du
régiment sur la place d'armes; dans ce cas, le plus ancien maréchal des logis chef marche à la tête des sous-
officiers d'ordre.

Ordre.

143. Avant l'appel de deux heures, il dicte l'ordre aux
fourriers; il veille à ce qu'ils l'écrivent avec régularité.

Appel du soir.

144. Il contre-signe les permissions d'appel du soir,
et en tient note pour vérifier le rapport que le maréchal
des logis de garde fait des hommes rentrés.

Il fait, en double expédition, le relevé général des billets d'appel du soir, et le présente à la signature de
l'adjudant-major.

Devoirs après la retraite.

145. A l'heure de l'appel ou à l'heure fixée par le
colonel, il fait fermer les cantines; il veille à ce que
l'extinction des lumières ait lieu à dix heures.

Il répond, envers l'adjudant-major et l'officier supérieur de semaine, de la tranquillité du quartier pendant
la nuit; il fait des rondes, il en fait faire par le maréchal des logis et par le brigadier de garde.

Il fait les contre-appels que l'adjudant-major a ordonnés; il peut en faire de son chef si quelque circonstance particulière l'exige; il en rend compte à l'adjudant-major le lendemain matin.

Propreté du quartier.

146. Il assure la propreté de l'extérieur et des cours du quartier, ainsi que des corridors et des escaliers du peloton hors rang ; il fait exécuter par le maréchal des logis de garde et les brigadiers de semaine tous les ordres donnés à cet égard.

Détenus et consignés.

147. Il fait rassembler les détenus et les consignés aux heures fixées pour les exercices de punition.

Il surveille la nourriture des détenus : il s'assure qu'ils sont rasés, au moins deux fois par semaine, par le perruquier de leur escadron ; il informe de leur sortie le maréchal des logis chef de l'escadron, quand elle a lieu pour cause de santé ou par ordre du colonel.

Il charge le maréchal des logis de garde de faire de fréquents appels des consignés ; la liste en est déposée au corps de garde ; il fait remplir les auges par les consignés avant chaque pansage ; à défaut de consignés, il les fait remplir par les gardes d'écuries.

Il envoie deux fois par semaine un perruquier à l'hôpital et à la prison de la place, pour raser les militaires du régiment malades ou détenus pour fautes contre la discipline.

Visites au quartier par des officiers supérieurs.

148. En l'absence de l'adjudant-major de semaine, il accompagne le colonel et le lieutenant-colonel lorsqu'ils viennent au quartier ; il accompagne de même tout officier supérieur qui le demande.

CHAPITRE XVI.

ADJUDANT — VAGUEMESTRE.

Fonctions.

149. Le vaguemestre est sous la surveillance immédiate du major.

Muni d'une commission du conseil d'administration, il retire de la poste les lettres, paquets, argent et effets adressés au conseil, ainsi qu'aux officiers, sous-officiers et cavaliers ; il en est responsable ; il les distribue immédiatement, et sans aucune rétribution en sus de la taxe.

Il remplit les fonctions de maréchal des logis chef près du peloton hors rang (1).

Registre

150. Il tient un registre divisé en deux parties ; la première sert à enregistrer les titres qui lui sont confiés pour retirer de la poste les lettres chargées, l'argent adressé aux officiers, aux sous-officiers et aux cavaliers, et à justifier de la remise qu'il en a faite ; la signature du directeur de la poste constate la recette du vaguemestre, et celle du militaire opère sa décharge. La seconde partie est destinée à constater les divers charge-

---

(1) *Les commissions des vaguemestres doivent être visées par le sous-intendant militaire chargé de la surveillance administrative du corps, ainsi qu'il est prescrit par le règlement du 1er mars 1823 sur le service des postes militaires.*

Les vaguemestres des détachements, comme ceux des corps entiers, doivent toujours être munis du registre qui est prescrit par l'art. 150 ci-après. Ce registre doit être visé par le sous-intendant militaire.

Dans les fractions de corps ou détachements où il n'existe pas de major, la vérification du registre du vaguemestre a lieu tous les lundis par les soins de l'officier commandant la fraction de corps ou le détachement.

Dans les portions de corps et détachements qui sont en route ou stationnés loin de leur régiment, si le sous-officier vaguemestre est mis dans l'impossibilité de continuer ses fonctions, il est provisoirement suppléé par un autre sous-officier, choisi et commissionné par l'officier commandant le détachement.

Cette commission provisoire doit être également soumise au visa d'un sous-intendant militaire, et faire mention du cas d'urgence qui motive la dérogation au présent article. (Dispositions additionnelles adoptées par la circulaire du 7 août 1834, *Journal militaire*, p. 45.)

ments de lettres et de fonds qu'il fait de la part des militaires du régiment.

Ce registre est coté et parafé par le major, et conforme au modèle G. Le major le vérifie tous les lundis.

Boîte aux lettres.

151. Il est placé près du corps de garde de police une boîte aux lettres dont le vaguemestre a la clef; l'heure de la levée des lettres est indiquée par une affiche.

Le vaguemestre passe chez le colonel, dans les bureaux du major, du trésorier et de l'officier d'habillement, pour y prendre les dépêches.

Remise des lettres et de l'argent.

152. Il remet d'abord au colonel les lettres à son adresse et à celle du conseil d'administration. Il porte ensuite celles du major, du trésorier et de l'officier d'habillement. Il porte à domicile les lettres et l'argent adressés aux officiers, à moins qu'il n'ait l'occasion de les leur remettre sans retard, à quelque réunion.

Il remet également aux sous-officiers, brigadiers et cavaliers du petit état-major et du peloton hors rang, les lettres et l'argent qui leur sont adressés. Il distribue, par l'intermédiaire de chaque maréchal des logis chef, les lettres qu'il reçoit pour les sous-officiers, les brigadiers et les cavaliers des escadrons. Les lettres chargées et l'argent reçu pour les brigadiers et cavaliers sont remis directement aux intéressés par le vaguemestre, en présence du maréchal des logis de semaine, qui signe avec eux au registre de celui-ci, et qui en informe l'officier de semaine. Si ces militaires ne savent pas écrire, ils font une croix, et l'officier et le maréchal des logis de semaine signent au registre pour certifier le paiement.

Le vaguemestre donne à l'adjudant de semaine un état signé par le directeur de la poste, constatant les différentes sommes, ainsi que les lettres chargées qu'il a reçues pour les sous-officiers, les brigadiers et les cavaliers. Cet état est annexé au rapport; l'adjudant en donne lecture aux maréchaux des logis chefs, qui en rendent compte au capitaine commandant et aux officiers de semaine.

Si le vaguemestre n'a reçu aucun article d'argent, il remet à l'adjudant un état négatif, également signé par le directeur de la poste.

Lettres de rebut; argent adressé aux absents.

153. Les lettres de rebut sont rendues par le vaguemestre à la poste, sans avoir été décachetées, après que le motif du refus a été inscrit au dos; le port en est remboursé par le directeur de la poste.

Ancienne rédaction.	*Nouvelle rédaction.*
Les sommes qui sont adressées à des militaires absents ou qu'on ne peut remettre immédiatement sont versées entre les mains des capitaines commandants qui en donnent un reçu sur le registre du vaguemestre, et les gardent jusqu'à ce qu'elles puissent être remises.	Si la lettre est décachetée, le port reste à la charge de celui qui l'a ouverte.
Les sommes destinées à des militaires morts, ou qui n'appartiennent plus au corps sont rendues à la poste; les reconnaissances de versement sont remises au major, qui est tenu de les faire parvenir sans délai aux familles.	Les sommes et reconnaissances de versement adressées à des militaires qui sont décédés, qui n'appartiennent plus au corps, ou qui en sont absents, doivent être rendues au directeur de la poste, lequel, suivant le cas, les fait parvenir aux ayants droit ou les tient à leur disposition.
	Le délai, pour la remise à la poste des lettres et sommes non distribuées et des reconnaissances de versement, est de huit jours. (*Nouvelle rédaction conforme au décret du 22 juin 1854. Journal militaire*, p. 602.)

Réclamations.

154. Les capitaines commandants veillent soigneusement à ce que la remise des lettres et de l'argent adressés aux sous-officiers et cavaliers sous leurs ordres soit faite avec une scrupuleuse exactitude. S'il y a des réclamations, ils les transmettent au major, qui en

fait faire droit sur-le-champ. Si des infidélités ont été commises, le major en rend compte au colonel, qui fait punir les coupables suivant les lois.

CHAPITRE XVIII.

MARÉCHAL DES LOGIS CHEF.

Devoirs généraux.

162. Le maréchal des logis chef s'applique à connaître la conduite, les mœurs et la capacité des sous-officiers, des brigadiers et cavaliers de l'escadron; il éclaire l'opinion du capitaine commandant sur leur compte, et n'agit envers eux qu'avec les ménagements ou la sévérité que comportent leur âge ou leur caractère. Il les commande en tout ce qui est relatif au service, à la tenue et à la discipline. Il est responsable de ces détails envers les officiers de l'escadron, et spécialement envers l'officier de semaine.

Il est responsable de l'administration envers le capitaine commandant. Il surveille le maréchal des logis fourrier et le brigadier fourrier chargés, sous sa direction, de faire toutes les écritures.

Il est habituellement dispensé de se trouver au pansage du matin; il assiste à celui du soir. Il se trouve aux exercices et aux évolutions.

Vérification à son entrée en fonctions.

163. En entrant en fonctions, il vérifie si les effets de toute nature en service cadrent avec le livre de l'escadron et les livrets.

Prêt.

164. Il touche le prêt sur une feuille signée par le capitaine commandant, et au bas de laquelle il met son acquit; il porte le prêt immédiatement chez le capitaine (1).

---

(1) *Le montant de la feuille de prêt peut être payé au maréchal des logis chef, sur la présentation de cette feuille revêtue de l'acquit du capitaine* (Article 155 de l'ordonnance du 10 mai 1844).

Le premier jour du prêt, en présence des officiers chargés de la surveillance des ordinaires, il paie aux chefs d'escouade les centimes de poche et les hautes paies du prêt échu; il paie en même temps aux sous-officiers le prêt échu.

Comptabilité de l'escadron.

165. Il fait tenir par le fourrier les registres d'escadron, d'ordres et de punitions; il exige qu'ils soient constamment au courant et que les mutations, ainsi que les recettes et les distributions de toute nature, soient portées chaque jour sur le livre d'escadron. Il veille à ce que le fourrier inscrive en présence des hommes, sur le livret, tous les effets qu'ils reçoivent, les réparations et les dégradations mises à leur charge, ainsi que les versements qu'ils ont faits entre les mains du capitaine commandant pour améliorer leur masse. Sous aucun prétexte, il ne garde les livrets par-devers lui, et ne permet au fourrier de les garder.

Le registre de punitions est conforme au modèle H.

Effets des recrues.

166. A mesure que les recrues reçoivent des effets militaires, le maréchal des logis chef leur fait vendre leurs effets bourgeois, en présence du maréchal des logis de peloton.

Effets des hommes qui s'absentent ou qui désertent.

167. Lorsqu'un homme s'absente pour une cause quelconque, ses effets d'armement, d'habillement et d'équipement sont visités en sa présence au magasin du régiment, où ils restent déposés; ses effets d'habillement, de grand et de petit équipement sont placés dans le sac à distribution qui est fermé et étiqueté; l'état en est dressé; il est signé par l'homme qui s'absente et par le maréchal des logis chef, et renfermé dans le sac; un double de cet état, également signé, est conservé par le maréchal des logis chef.

Lorsqu'un cavalier entrant à l'hôpital ne peut assister

à cette visite, il est remplacé par le brigadier de l'escouade.

Le maréchal des logis chef inscrit sur la pièce en vertu de laquelle l'homme s'absente les effets qu'il emporte et la situation de sa masse individuelle ; il arrête son livret, le présente à la signature du capitaine commandant, et le remet à l'homme, qui doit toujours en être porteur. Il inscrit sur le rapport du lendemain la mutation et la situation de la masse.

Lorsque l'homme qui a fait une absence, rentre au régiment, ses effets sont retirés du magasin et vérifiés en sa présence.

Dès que le maréchal des logis chef suppose qu'un homme a déserté, il fait établir en double expédition l'inventaire de ses effets en présence du brigadier et d'un cavalier de la chambrée qui le certifient ; cet inventaire est visé par le capitaine commandant. Le porte-manteau et tous les effets sont aussitôt déposés provisoirement au magasin du régiment avec une expédition de l'inventaire ; l'autre expédition est remise au major. Le versement définitif au magasin a lieu le jour où l'absent est déclaré déserteur.

Listes et placards à afficher.

Le maréchal des logis chef fait placer par le fourrier, à la porte de chaque chambre, une liste indiquant le numéro de l'escadron, le nom des deux capitaines, celui de l'officier et du maréchal des logis de peloton, des brigadiers et des cavaliers de la chambrée.

Il affiche sur la porte de sa chambre le nom des officiers de l'escadron avec l'indication de leurs logements ; il affiche également son nom et celui du fourrier.

Il fait afficher encore dans les chambres les articles de la présente ordonnance sur les marques extérieures de respect et sur les devoirs des brigadiers de chambrée ; l'instruction sur la manière de monter et de démonter les armes et l'état des objets de casernement signé par le fourrier et le brigadier.

Il fait placer, en gros caractère, le nom de chaque

cheval et son numéro matricule sur une petite planche fixée au mur, au-dessus du râtelier (1).

Malades à la chambre.

169. Après l'appel du matin, il envoie au corps de garde le nom des hommes malades et celui des hommes rentrés la veille des hôpitaux, avec le numéro de leurs chambres ; en cas d'urgence, il fait avertir sur-le-champ le chirurgien-major.

Il fait prévenir un des chirurgiens dès qu'un homme rentre de congé, de permission ou de l'hôpital externe, afin qu'il visite cet homme immédiatement.

Appel.

170. Il fait les appels qui précèdent les pansages ; il fait donner lecture des ordres par le brigadier-fourrier, et ne fait rompre les rangs que lorsque l'officier de semaine le prescrit. Après l'appel de deux heures, il commande les hommes de service ; il donne leur nom au maréchal des logis de semaine.

Il fait faire devant lui l'appel du soir par les brigadiers de chambrée ; il établit le billet d'appel, le remet à l'officier de semaine, et se rend avec lui dans la salle du rapport.

Il peut, avec l'autorisation de l'officier de semaine, être remplacé pour cet appel par le maréchal des logis de semaine ; toutefois, il ne peut se dispenser de s'y trouver lorsque, dans le cas prévu par l'article 184, l'officier de semaine de l'escadron n'y assiste pas.

Garde montante.

171. Il se trouve à la garde montante. S'il y a reçu des ordres d'une exécution urgente, il va les communiquer au capitaine commandant ; il en fait informer les autres officiers par le brigadier fourrier.

---

(1) *La nomenclature des tableaux et étiquettes à placer dans les chambrées se trouve indiquée dans la décision ministérielle du 20 juin 1848, insérée au* Journal militaire, *p. 448.*

Demandes des sous-officiers et cavaliers.

172. Le maréchal des logis chef reçoit toutes les demandes que les sous-officiers, brigadiers et cavaliers ont à faire par la voie du rapport ; il les soumet au capitaine commandant, et en instruit l'officier de semaine. Les cavaliers ne peuvent pas, sans sa permission, changer entre eux leur tour de garde.

Prix des remplacements pour le service.

173. Les demandes de remplacement de service lui sont soumises ; il les accorde s'il y a lieu ; il en rend compte à l'officier de semaine. Le prix de ces remplacements est fixé de la manière suivante :

Pour une garde, ou pour une ordonnance qui découche. . . . . 75 c.

Pour un piquet de vingt-quatre heures, pour une ordonnance qui rentre le soir, ou pour faire la soupe. 50

Pour une corvée. 25

Cas d'empêchement ou d'absence.

174. Lorsque le maréchal des logis chef est dispensé de quelque partie de service, il est remplacé, par le maréchal des logis de semaine, auquel il remet le contrôle pour commander le service.

En cas d'absence, il est remplacé pour le service et la police, par le plus ancien maréchal des logis de l'escadron, qui est alors dispensé du service de la place ; dans ce cas, le fourrier devient responsable de la comptabilité envers le capitaine commandant.

CHAPITRE XIX.

MARÉCHAUX DES LOGIS.

Fonctions générales.

175. Les maréchaux des logis commandent aux brigadiers et aux cavaliers de l'escadron, en tout ce qui est relatif au service, à la police et à la discipline ; ils surveillent leur conduite privée. Ils sont responsables, envers le maréchal des logis chef et les officiers, de l'exécution des ordres et de la police.

Ils alternent dans chaque escadron pour le service de semaine et celui des détachements ; ils roulent entre eux dans le régiment pour les gardes, les plantons et les corvées.

Pansages.

176. Ils assistent tous les jours aux pansages ; ils en surveillent les détails.

MARÉCHAL DES LOGIS DE PELOTON.

Fonctions.

177. Le maréchal des logis de peloton dirige, sous l'autorité de l'officier de peloton, les détails intérieurs des chambrées ; il surveille la conservation et la tenue des effets.

Il appuie les brigadiers de son autorité, les habitue à commander avec fermeté, mais sans brusquerie, et veillent à ce qu'ils ne s'écartent jamais de l'impartialité et de la justice.

Dans le peloton où il y a deux maréchaux des logis, chacun d'eux a la surveillance d'une section.

Livret et contrôle.

178. Le maréchal des logis de peloton tient un livret semblable à celui qui est prescrit pour les officiers à l'article 112.

Il doit avoir, en outre, un contrôle de l'escadron pour suppléer le maréchal des logis chef dans les appels.

Surveillance des chambrées.

179. Il s'assure que les chambres sont balayées tous les jours ; il veille à la conservation et au remplacement des affiches et étiquettes, ainsi qu'au maintien de l'ordre établi pour l'arrangement des effets. Il apporte une attention particulière à la bonne tenue des armes, de la buffleterie et du harnachement.

Le samedi, il fait mettre dans le plus grand état de propreté les effets de toute nature ; il fait balayer les chambres à fond et battre les couvertures, les matelas, les schabraques et les manteaux.

Propreté des hommes.

180. Il exige que les brigadiers et les cavaliers fassent faire à leur linge les réparations nécessaires, et qu'ils en changent le dimanche; qu'ils soient rasés trois fois par semaine, et particulièrement les jours où ils doivent être de service; que leurs cheveux soient coupés fréquemment et tenus courts, surtout en été.

Prêt.

181. Il veille à l'emploi que les brigadiers font du prêt, et vérifie souvent les prix et la qualité des achats de toute espèce. Il s'informe chez les marchands s'il ne leur est rien dû.

Rassemblement de l'escadron.

182. Toutes les fois que l'escadron doit s'assembler, le maréchal des logis de peloton se rend de bonne heure dans les chambres de son peloton, et veille à ce que les hommes s'apprêtent.

Si l'escadron doit monter à cheval, il se rend aux écuries, et veille à ce que les chevaux soient sellés, chargés, bridés avec le plus grand soin.

Désignation des chevaux.

183. Il désigne les chevaux disponibles qui doivent être montés pour les divers rassemblements de l'escadron ou pour les classes d'instruction.

Rapport à l'officier de peloton.

184. Il fait verbalement son rapport à l'officier de peloton, lorsque celui-ci vient au quartier. Il informe cet officier des mutations journalières, des pertes ou dégradations d'effets, ainsi que des réparations à faire. Il prend ses ordres avant de demander au maréchal des logis chef les bons nécessaires.

SERVICE DE SEMAINE.

Le maréchal des logis de semaine est aux ordres de l'officier de semaine.

185. Le maréchal des logis de semaine est particulièrement aux ordres de l'officier de semaine ; il assure, sous l'autorité de ce dernier, l'exécution des détails de service, de police et de discipline ; il lui fait des rapports verbaux, ainsi qu'au maréchal des logis chef ; il aide et supplée ce dernier dans le service journalier.

Appels.

186. Il assiste à tous les appels, et se place à côté du maréchal des logis chef afin de répondre pour les hommes de service et pour les malades à la chambre ; il fait lui-même les appels lorsque le maréchal des logis chef ne s'y trouve pas.

Devoirs aux écuries lors du réveil.

187. A la sonnerie du réveil, il se rend aux écuries, pour s'assurer que les brigadiers et cavaliers qui doivent distribuer le fourrage et donner à manger aux chevaux sont tous présents et s'acquittent de ce soin avec exactitude : il visite les licous, reçoit des gardes d'écurie le rapport des événements de la nuit, et fait le sien à chaque appel.

Il veille à ce que le brigadier de semaine fasse nettoyer l'écurie.

Chevaux sortis pour le pansage.

188. Lorsque le pansage doit avoir lieu dehors, il fait sortir les chevaux, et les fait attacher par les rênes du bridon.

Recrues exercées au pansage.

189. Il s'assure que les brigadiers chargés d'apprendre aux hommes de recrue à panser les chevaux, remplissent ce devoir avec soin.

Licous et billots.

190. Il passe dans les écuries pour observer si tous les licous sont attachés au râtelier par la boucle du montant ou la sous-gorge.

Il fait remplacer, au compte des gardes d'écurie, les billots perdus.

Distribution de l'avoine.

191. Il a la clef du coffre où est renfermée l'avoine. Il est présent lorsqu'elle est distribuée; il exige que, pendant que les chevaux la mangent, un cavalier par ordinaire reste debout près de la mangeoire.

Il ne quitte les écuries qu'après les avoir fait balayer en dedans et en dehors.

Surveillance à l'égard des gardes d'écurie.

192. Dans l'intervalle des pansages, il surveille les gardes d'écurie, leur fait répéter les consignes, les empêche de s'absenter, et exige qu'ils tiennent les écuries dans un état de grande propreté.

Il veille à ce que, autant que possible, il y ait constamment, pendant le jour, une demi-litière sous les chevaux.

Une partie de la litière est employée à remplacer les bouchons de paille qui ne peuvent plus servir.

Repas des chevaux.

193. Il se trouve à tous les repas des chevaux, pour s'assurer de l'exactitude du brigadier de semaine dans les distributions de fourrages, il exige que le foin soit bien secoué pour en faire tomber la poussière, que les tiges de la paille soient croisées, et que la ration soit placée au milieu de chaque ordinaire.

Rassemblement des classes d'instruction et des corvées.

194. Il fait rassembler par le brigadier de semaine les hommes commandés pour les classes d'instruction et pour les corvées : il en passe l'inspection.

Inspection des hommes de service ; garde montante.

195. Une demi-heure avant le rassemblement de la

garde, il inspecte dans les chambres les hommes de service et de piquet ; il est responsable de leur bonne tenue ; il inspecte de même les hommes commandés de détachement.

Il se trouve à la garde montante.

Surveillance pour la propreté du quartier.

196. Il s'assure que les corridors et les escaliers sont balayés tous les jours ; le samedi, il les fait nettoyer à fond.

Souper des chevaux.

197. Au souper des chevaux, il a soin de faire balayer avant qu'on étende la litière ; il ne se retire qu'après avoir vu qu'elle est faite partout, et que les chevaux ont leur fourrage.

Descente de cheval.

198. Chaque fois qu'on descend de cheval ou qu'un détachement rentre, il empêche qu'on ne desselle les chevaux avant le moment prescrit, et jusqu'alors il exige que les chevaux soient attachés au râtelier par la longe du licou, assez court pour qu'ils ne puissent pas se rouler ; lorsqu'on a desselle, il fait mettre les selles à l'air ou au soleil ; il en fait battre et nettoyer les panneaux avant qu'elles soient remises en place ; il veille à ce que les chevaux soient bouchonnés.

Remise des fourrages, des ustensiles d'écurie et des consignes.

199. Le dimanche, après la garde montante, il fait faire, en sa présence, par le brigadier qui descend de semaine, à celui qui prend la semaine, la remise des fourrages, ainsi que celle des ustensiles d'écurie et des consignes.

Détenus et malades à l'infirmerie.

200. Il veille à ce que les hommes de l'escadron, détenus dans les salles de police ou dans les prisons du quartier, ainsi que les malades à l'infirmerie, soient rasés deux fois par semaine par le perruquier de l'escadron, et à ce que, le dimanche, il leur soit fourni

du linge blanc par les soins de leur ordinaire ; il en est responsable.

Cas où le maréchal des logis de semaine est forcé de s'absenter.

204. Il ne peut s'absenter du quartier, même pour le service, sans l'autorisation de l'adjudant de semaine ; il se fait alors remplacer par le brigadier de semaine.

CHAPITRE XX.

FOURRIERS.

Fonctions générales.

202. Le maréchal des logis fourrier est aux ordres immédiats du maréchal des logis chef ; il tient sous la direction de celui-ci tous les registres, et fait les écritures et les états relatifs aux détails de l'escadron.

Il est chargé du casernement.

Il remplace au besoin le maréchal des logis chef pour les réceptions et les distributions d'effets d'habillement, de grand et de petit équipement, de harnachement et d'armement.

Il assiste aux exercices et aux évolutions ; il est exempt de se trouver aux pansages.

Le fourrier de l'état-major remplit les fonctions de fourrier près du peloton hors rang.

Corvées et distributions.

203. Le fourrier fait connaître au brigadier de semaine le nombre d'hommes à fournir pour les corvées ; il aide à leur rassemblement.

Il reçoit les distributions ; il est responsable de toute erreur. Il ramène au quartier les hommes de corvée, et fait la répartition de ce qu'il a reçu.

Brigadier-fourrier.

204. Le brigadier-fourrier seconde le maréchal des logis fourrier dans ses fonctions, et fait une partie des écritures, suivant ce qui est déterminé par le maréchal des logis chef.

CAV.   3

Il tient le livre d'ordre ; il est responsable de sa régularité ; il le communique, dès qu'il y a de nouveaux ordres, aux officiers de l'escadron, dont la signature justifie qu'il le leur a présenté. Il leur transmet immédiatement les ordres donnés à la garde montante ou dans la journée, et dont il importe qu'ils aient connaissance.

Il se trouve aux exercices et aux évolutions ; il est exempt de se trouver aux pansages. Aux appels qui précèdent les pansages, il donne lecture des ordres à l'escadron.

CHAPITRE XXI.

BRIGADIERS.

Devoirs généraux.

205. Les brigadiers doivent donner l'exemple de la bonne conduite, de la subordination et de l'exactitude à remplir leurs devoirs.

Ils surveillent les cavaliers en tout ce qui tient au bon ordre et à la tranquillité publique ; ils sont particulièrement chargés de tout ce qui est relatif au service, à la tenue, à la police et à la discipline de leur escouade.

Ils doivent user, au besoin, des moyens de répression que la présente ordonnance leur accorde, et, si ces moyens sont insuffisants, en appeler à l'autorité de leurs supérieurs ; mais ils ne doivent jamais oublier que la manière la plus sûre de se faire respecter et obéir, est de se conduire envers leurs subordonnés avec fermeté et douceur, sans familiarité ni brusquerie.

Le jour du prêt, ils reçoivent du maréchal-des-logis chef, pour les hommes de leur escouade, les centimes de poche du prêt échu ; ils les leur distribuent immédiatement ; il ne peut y être fait d'autre retenue que celle qui est prescrite pour les hommes punis.

Ils forment les recrues de leur chambrée aux détails du service intérieur ; ils leur enseignent la manière d'entretenir dans le plus grand état de propreté leurs armes et leurs effets d'habillement, d'équipement et de harnachement.

Ils leur apprennent aussi à rouler le manteau, à placer les effets dans le porte-manteau, à faire les crins et à trousser la queue.

Ils pansent chaque jour leur cheval, excepté quand ils sont de service ou de semaine; dans ce cas, le cheval est pansé par corvée.

Ils sont exempts des corvées auxquelles sont assujettis les cavaliers; ils font seulement celles du fourrage pour leur cheval.

Ils ne montent pas de garde d'écurie.

Ils alternent dans chaque escadron pour le service de semaine et de détachement, et roulent sur tout le régiment pour les gardes, les plantons et les corvées.

Manière de panser un cheval.

206. Les brigadiers sont chargés d'instruire les recrues à panser leur cheval; le pansage s'exécute de la manière suivante :

Le cheval est attaché par les rênes du bridon, la tête un peu haute.

Le cavalier relève le frontal sur la nuque, et déboucle la sous-gorge.

Il tient l'étrille de la main droite, se place près de la croupe, saisit la queue de la main gauche, et passe doucement l'étrille sur toutes les parties charnues du côté droit, allant successivement de la croupe à l'encolure et de l'encolure à la croupe. Il étrille ensuite le côté gauche, tenant la queue de la main droite et l'étrille de la main gauche. Il évite de passer l'étrille sur les parties osseuses et sur les parties de la peau dont le tissu est trop mince pour supporter le frottement de cet instrument.

Avant de bouchonner, il enlève la crasse à coups légers d'époussette; il prend ensuite le bouchon, s'approche de la tête du cheval, et en frotte toutes les parties; il bouchonne le côté droit et le côté gauche, et frotte avec force les membres et les parties qui n'ont pas été étrillées.

Avant de brosser, il donne un coup d'époussette; tenant ensuite la brosse de la main droite, et l'étrille, les dents en dessus, de la main gauche, il se replace à la croupe du cheval, passe la brosse successivement sur toutes les parties, d'abord à rebrousse-poil, puis dans le sens du poil. Il brosse de même le côté droit ; à chaque coup de la brosse, il la passe sur les lames de l'étrille, pour enlever la crasse ; lorsque l'étrille en est chargée, il la frappe à petits coups sur un corps dur, en arrière du cheval.

Avant d'éponger, le cavalier donne un dernier coup d'époussette, et prenant d'une main l'éponge imbibée d'eau, et de l'autre le peigne, il éponge les yeux et les naseaux ; puis, imprégnant d'eau les crins du toupet et de la crinière, il y passe le peigne pour les démêler. Il lave le dessous de la queue et le fourreau du cheval ; il éponge toute la queue, dont il peigne la partie supérieure ; il passe l'éponge légèrement humide sur les extrémités ; il essuie toutes les parties du corps du cheval avec l'époussette. Durant les grands froids, les chevaux ne sont pas épongés.

Quand la queue est crottée, le cavalier frotte les crins les uns contre les autres ; il trempe ensuite le fouet dans l'eau.

Il ne passe jamais le peigne dans les crins du fouet, pour ne pas les arracher.

BRIGADIER DE CHAMBRÉE.

Logement et casernement.

207. Le brigadier loge avec les hommes de son escouade. En prenant une chambre, il reconnaît avec le fourrier le nombre, l'espèce et la qualité des objets de casernement qu'elle contient ; il veille à leur conservation. Le fourrier en dresse l'état ; le brigadier le signe avec lui.

Devoirs au lever.

208. Au réveil, il fait lever les cavaliers ; il en envoie de suite à l'écurie le nombre nécessaire pour donner le déjeuner aux chevaux et aider à nettoyer les écuries ; les autres cavaliers découvrent les lits et roulent les manteaux, s'il a été permis de s'en servir.

Avant l'appel du matin, il fait ouvrir les fenêtres pour renouveler l'air.

Quand des cavaliers manquent au pansage, il rend compte des motifs de leur absence au maréchal des logis chef; il l'informe en même temps de l'heure à laquelle sont rentrés ceux qui, par permission ou autrement, n'étaient pas à l'appel du soir. Il lui donne le nom des malades; dans un cas grave, il va lui-même chercher le chirurgien-major; pendant la nuit, il avertit le maréchal des logis de garde, qui envoie appeler le chirurgien par un homme de service.

Soins de propreté; hommes de service.

209. Il veille à ce que les cavaliers se nettoient la tête et se lavent le visage et les mains. Il fait faire les lits, et mettre tous les effets dans l'état de propreté et d'arrangement prescrit. Il fait préparer les hommes commandés de service, et ceux qui sont désignés pour les classes d'instruction.

Un cavalier, commandé à tour de rôle parmi ceux de la chambrée, nettoie la table, les bancs, balaie la chambre, dépose les ordures dans le corridor, et enlève la poussière du râtelier d'armes et de la planche à pain.

Police de la chambrée.

210. Le brigadier de chambrée réprime tout ce qui se fait et se dit contre le bon ordre; il fait cesser les jeux, lorsqu'ils occasionnent des querelles; il fait coucher les hommes ivres; lorsqu'ils troublent l'ordre, il charge des hommes de la chambrée, et, au besoin, des hommes de garde, de les conduire à la salle de police.

Il empêche de fumer au lit, de battre les habits dans les chambres, de se servir des draps ou des couvertures pour s'essuyer, et de retirer de la paille des paillasses; il s'oppose à ce que les cavaliers se couchent sur les lits avec leurs bottes ou leurs souliers; il veille à ce qu'ils ne placent aucun effet entre la paillasse et le matelas.

Rapports.

211. Il rend compte au maréchal des logis de semaine

et à celui de peloton des punitions qu'il a infligées, et de tout ce qui intéresse le service et la discipline. En cas d'événement imprévu, tel que désertion, duel, vol, il en informe sur-le-champ le maréchal des logis de peloton, et, à son défaut, celui de semaine ou le maréchal des logis chef.

Effets prêtés; visite des porte-manteaux.

212. Il s'oppose à ce que les cavaliers se prêtent leurs effets d'habillement, de grand équipement, de harnachement ou d'armement.

Quand il soupçonne un homme d'avoir vendu des effets ou d'en recéler de perdus ou volés, il prévient le maréchal des logis chef ou, à son défaut, le maréchal des logis de peloton, qui visite aussi le porte-manteau de cet homme, en présence d'un brigadier et d'un cavalier. On en agit de même à l'égard des hommes qui, ayant manqué à l'appel du soir, ne sont pas rentrés le matin.

Devoirs à l'appel.

213. Le brigadier de chambrée fait l'appel du soir à haute voix, en présence de l'officier de semaine ou du maréchal des logis chef, lorsqu'il passe dans les chambres. Il empêche les cavaliers de se servir de leur bonnet de police pour la nuit; il ne permet de se couvrir avec les manteaux, que lorsque l'autorisation en a été donnée au rapport. Il s'assure que l'homme de corvée a rempli la cruche d'eau. Il fait éteindre la lumière au signal donné.

S'il s'aperçoit qu'un homme soit sorti après l'appel, il en rend compte sur-le-champ au maréchal des logis chef.

Visite d'officiers.

214. Quand un officier entre dans une chambre, le brigadier commande : *fixe*; les cavaliers se lèvent, se découvrent s'ils sont en bonnet de police, gardent le silence et l'immobilité jusqu'à ce que l'officier soit sorti ou qu'il ait commandé : *repos*. Si c'est un officier supérieur, le brigadier commande : *à vos rangs*; les cava-

liers se placent au pied de leurs lits ; lorsqu'ils y sont, le brigadier commande : *fixe*.

Tenue des chambres.

215. Le nom de chaque cavalier est écrit sur une planchette placée à la tête de son lit ; il l'est en outre sur une planchette de plus petite dimension au-dessus de ses pistolets, sabres, fourniments, brides, etc.

Le livret d'ordinaire et le cahier servant à l'inscription des quittances des fournisseurs sont suspendus à un clou, au-dessus du lit du chef d'ordinaire.

Les effets sont placés de la manière suivante :

Sur la première planche, le sac à distribution (il couvre les effets les jours ordinaires) ; l'habit plié en deux, la doublure en dehors (pour les hussards, la pelisse et le dolman contenant la ceinture) ; la veste d'écurie, le pantalon de drap, le pantalon d'écurie, le pantalon blanc ; le porte-manteau, dans lequel se trouvent le linge blanc, le cordon de shako, la trousse, les gants, le plumet et le livret ; le linge sale entre la patte et le porte-manteau ; au-dessus du porte-manteau, le bonnet de police à plat, la houpette tournée extérieurement ; le casque ou le shako couvert de sa coiffe sépare sur cette planche les effets de chaque homme.

Sur la seconde planche : la couverte du cheval, la schabraque, le manteau roulé, le surfaix derrière le manteau, les bottes au-dessus de la coiffure, les éperons tournés en dehors.

Les mousquetons, les pistolets et les lances sont placés au râtelier d'armes ; les chiens des armes à feu sont abattus.

Les sabres sont suspendus par leur ceinturon ; les cuirasses, les fourniments et les brides sont accrochés à des chevilles ; les musettes et les bridons sont à la tête des lits.

Les jours d'inspection, les sabres sont hors du fourreau, les shakos découverts, les sacs à distribution pliés en deux.

A défaut de sellerie, les selles sont placées dans les

corridors, de manière à ne pas s'endommager : elles sont étiquetées à la lettre de l'escadron, au nom de l'homme et à celui du cheval.

Quand les localités ne se prêtent pas complétement à toutes ces dispositions, on s'en rapproche le plus possible. Dans tous les cas, les chambres sont tenues uniformément, dans l'ordre le plus favorable à la conservation des effets, et de manière à ce que les cavaliers puissent monter promptement à cheval avec armes et bagages.

Soins de propreté le samedi et le dimanche.

216. Le samedi, dans la journée, le brigadier fait battre les couvertures, les matelas, les schabraques et les manteaux, laver les tables et les bancs, blanchir la buffleterie, nettoyer les armes et mettre tout dans le plus grand état de propreté pour l'inspection du lendemain.

Le dimanche, il s'assure que tous les cavaliers mettent du linge blanc.

Il veille également à ce qu'ils se lavent les pieds au moins une fois par semaine.

Le premier samedi de chaque mois, il fait nettoyer les vitres en dehors et en dedans.

Entretien du linge et de la chaussure.

217. Il veille à ce que le linge soit raccommodé après le blanchissage, et à ce que la chaussure soit constamment tenue en bon état.

Cas d'absence.

218. En l'absence du brigadier de chambrée, et à défaut d'un autre brigadier logé dans la chambre, son autorité et sa responsabilité passent au plus ancien cavalier de première classe.

BRIGADIER CHEF D'ORDINAIRE.

Vérification du livret d'ordinaire.

219. La veille du prêt, le brigadier chef d'ordinaire présente à la vérification de l'officier chargé de la surveillance de l'ordinaire le livret servant à l'inscription des recettes et des dépenses (*modèle I*). A

Prêt.

220. Chaque jour il porte le livret d'ordinaire au maréchal des logis chef, qui y inscrit la somme revenant à l'ordinaire, en raison du nombre d'hommes y mangeant ce jour-là, et l'à-compte remis par le capitaine pour les dépenses du lendemain.

A l'expiration de chaque prêt, les autres articles de recette provenant des punitions, des services payés, des travailleurs, etc., sont inscrits au livret d'ordinaire par le maréchal des logis chef et le compte des recettes et des dépenses est réglé entre lui et le brigadier.

Il n'est jamais fait de décompte sur l'argent de l'ordinaire ; ce qui n'a pas été consommé dans un prêt est reporté au prêt suivant.

Toutes les subsistances, excepté le pain de munition, sont en commun ; il en est de même des ingrédients pour blanchir la buffleterie, nettoyer les armes, cirer la giberne, les bottes et le harnachement, laver les pantalons de toile, soit qu'on emploie ces ingrédiens en commun, soit qu'on les distribue à chaque homme.

Le blanchissage est également payé sur le prêt, à raison d'une chemise et d'un mouchoir par homme et par semaine. Le lundi matin, le brigadier fait rassembler le linge sale, et le remet à la blanchisseuse qui le rapporte le samedi (1).

---

(1) Un décret impérial du 10 décembre 1853, inséré au *Journal militaire*, p. 446, contient les dispositions suivantes :

Art. 1er. *A partir du 1er janvier 1854, et au fur et à mesure de l'installation de buanderies militaires dans les diverses garnisons, la masse individuelle du soldat supportera toutes les dépenses de blanchissage au moyen d'un abonnement trimestriel fixé par le règlement ministériel à intervenir.*

2. *Dans le cas prévu par l'art. ci-dessus, le dernier paragraphe des art. 170 et 220 des ordonnances du 2 novembre 1833 cessera d'avoir son effet.*

3.

Police des repas.

221. Aucun brigadier ou cavalier ne peut être dispensé de manger habituellement à l'ordinaire qu'en vertu d'une permission du capitaine en second, approuvée par le capitaine commandant, qui en rend compte au rapport. Cette permission ne peut être refusée à l'homme marié dont la femme a obtenu l'autorisation de rester au régiment.

Le brigadier d'ordinaire veille à ce que la distribution des aliments se fasse avec une exacte justice.

Corvée de soupe; soupe portée à l'extérieur ou mise à part.

222. Le brigadier commande, à tour de rôle, les cavaliers pour faire la soupe; les cuisiniers sont toujours en blouse et en pantalon de cuisine.

Le brigadier fait porter la soupe aux hommes de garde; il la fait aussi porter aux gardes d'écurie, lorsqu'ils ne peuvent venir la manger à l'ordinaire; il fait conserver chaude la soupe des hommes de service, lorsqu'ils ne peuvent la manger qu'à leur retour.

Il fait mettre de côté les subsistances des détenus.

Il n'est pas conservé de soupe pour les hommes qui ne sont pas présents à l'heure prescrite; il est défendu d'en mettre à part, si ce n'est pour les sous-officiers qui seraient forcés de vivre à l'ordinaire.

Achats.

223. Le chef d'ordinaire achète des denrées saines et nourrissantes, et dont les prix sont des moins élevés; la viande de bœuf réunissant ces conditions est habituellement la seule en usage; il en est mis à l'ordinaire, autant que possible, une demi-livre par homme.

Lorsque le brigadier va faire les achats, il est en tenue et armé de son sabre; il est accompagné par un cavalier en tenue d'écurie, qui a la faculté de débattre les prix et d'aller à d'autres marchands, et qui rapporte les provisions. A son retour, le brigadier inscrit les dépenses sur le livret d'ordinaire, en présence de ce cavalier, dont il mentionne le nom.

Les fournisseurs doivent être payés comptant et en présence des cavaliers de corvée ; il est défendu aux chefs d'ordinaire d'acheter à crédit ; le cahier des quittances doit chaque jour justifier des paiements faits aux boulangers, aux bouchers et épiciers. Toute remise, tout arrangement illicite entre les fournisseurs et le chef d'ordinaire sont absolument interdits ; ils entraînent le changement immédiat des premiers et la punition sévère du second : le brigadier encourt toujours la suspension, et, au besoin, la cassation ; si son nom figure sur le tableau d'avancement, il en est rayé.

Lorsque le chef d'ordinaire est de service, il est remplacé par un brigadier de l'ordinaire, désigné à l'avance par le capitaine commandant.

Surveillance à l'égard du cuisinier.

224. Le chef d'ordinaire veille à ce que le cuisinier fende le bois dans la cour, et remette les ustensiles de cuisine, dans le plus grand état de propreté, au cuisinier qui le relève.

Le chauffage et les légumes sont placés dans un endroit de la cuisine où ils ne puissent pas gêner. La viande est pendue à l'air et garantie du soleil et des mouches.

SERVICE DE SEMAINE.

Corvées ; consignés ; classes d'instruction.

225. Le brigadier de semaine est chargé de commander et de réunir les cavaliers, pour les corvées et les distributions.

Il se trouve à la garde montante. Il aide le maréchal des logis de semaine dans la réunion des classes d'instruction. Il assiste aux appels des consignés ; il présente ceux de l'escadron au maréchal des logis de garde.

Le contrôle de l'escadron lui est remis par le brigadier qu'il relève.

Déjeuner des chevaux.

226. Il se trouve le matin aux écuries pour distribuer

le déjeuner des chevaux, faire relever la litière (1), faire sortir le fumier et faire balayer les écuries.

S'il y a des billots perdus, il en rend compte au maréchal des logis de semaine, qui les fait remplacer.

Distribution de l'avoine et de la paille.

227. Il distribue l'avoine aux cavaliers chargés de la donner à chaque ordinaire de chevaux ; il veille à ce que les musettes qui la contiennent soient placées de manière à ne pouvoir être renversées. Elle est distribuée aux chevaux après leur rentrée de l'abreuvoir ; pendant qu'ils la mangent, le brigadier donne la paille, et quand elle est dans les râteliers, il fait balayer le devant des écuries.

Propreté du quartier.

228. Après la soupe du matin, il rassemble les hommes de corvée pour leur faire nettoyer les corridors et les escaliers ; il les conduit au maréchal des logis de garde lorsqu'ils doivent nettoyer les cours.

Gardes d'écurie ; dîner des chevaux.

229. Les gardes d'écurie s'assemblent en même temps

---

(1) *On laisse la litière sous les pieds des chevaux pendant une semaine et même pendant un plus long espace de temps, si l'état de l'atmosphère ne permet pas de procéder à jour fixe à son enlèvement. Les gardes d'écurie reçoivent l'ordre de ne jamais toucher à la couche qui repose sur le sol. Aussitôt après le réveil, on commence à répartir la litière sèche d'une manière égale, afin que les chevaux puissent se reposer sur un lit dont la surface horizontale ne soit pas imprégnée d'humidité. A la suite de cette opération, les gardes d'écurie sont munis de vannettes destinées à recevoir les crottins au fur et à mesure qu'ils ont évacués, et doivent les ramasser tout moulés, sans jamais les écraser. A la fin de la semaine, la litière est enlevée, les portions qui ont absorbé les urines sont jetées au fumier, et les parties sèches sont replacées sous les pieds des chevaux.* (Circulaire ministérielle, non insérée au *Journal militaire*, du 5 mars 1848).

que la garde montante ; les brigadiers de semaine les conduisent à leur poste après que la garde a défilé et que l'ordre a été donné.

Le brigadier de semaine vérifie l'état des ustensiles d'écurie après que les gardes d'écurie se les sont consignés en sa présence ; il en fait payer la réparation ou le remplacement, quand il y a lieu.

Il délivre le fourrage pour le dîner des chevaux, et s'assure de la propreté de l'écurie avant de la quitter.

Fourrages.

230. Il rassemble avec le fourrier les cavaliers pour les corvées de fourrages, va avec eux à la distribution, et ramène ceux qui sont chargés du foin et de la paille ; il s'assure de l'exactitude du compte des rations ; il en est responsable quand il les a reçues.

Quand il distribue le fourrage, il le fait partager également entre les ordinaires.

Portes et fenêtres des écuries ; souper des chevaux.

231. Il fait ouvrir les portes et fenêtres des écuries, excepté dans les fortes gelées, ou lorsque, dans les grandes chaleurs, le soleil gênerait les chevaux.

Un quart d'heure avant la sonnerie pour le souper des chevaux, il se trouve aux écuries pour le distribuer ; il fait faire la litière, voit si les chevaux sont bien attachés, si les lampes sont suffisamment garnies, et si les gardes d'écurie sont à leur poste (1).

____

(1) Une circulaire ministérielle, du 22 juillet 1841, insérée au *Journal militaire*, p. 84, contient les dispositions suivantes :

En hiver, l'écurie est éclairée comme de coutume, le soir, pour donner le repas des chevaux, faire la litière et nettoyer l'écurie ; le matin, à l'heure du réveil.

Dès que l'écurie est faite, toutes les lumières sont éteintes. Un seul réverbère est conservé allumé, mais dans un corridor ou endroit séparé, et il est placé de manière que la lumière ne puisse jamais pénétrer dans l'écurie.

Les lanternes portatives sont à la disposition des gardes

Détenus.

232. Il est habituellement chargé de conduire à la salle de police les hommes qui y sont condamnés, de les en faire sortir pour le service, l'instruction ou les corvées, et de les y faire rentrer ensuite.

Aux heures de la soupe, il fait réunir les subsistances des détenus ; il conduit au maréchal des logis de garde le cavalier de corvée qui les porte.

Cas où le brigadier de semaine s'absente du quartier.

233. Le brigadier de semaine ne s'absente pas du quartier, même pour le service, sans l'autorisation du maréchal des logis de semaine. Lorsque celui-ci est absent, il le remplace.

Remise du service.

234. Le dimanche, il ne quitte son service qu'après avoir remis au brigadier qui le relève, en présence du maréchal des logis qui descend la semaine et de celui qui la prend, les ustensiles et les consignes d'écurie.

CHAPITRE XXII.

CAVALIERS DE PREMIÈRE CLASSE.

Comment choisis.

235. Les cavaliers de première classe sont choisis

---

d'écurie, afin qu'ils puissent se procurer immédiatement de la lumière et porter secours aux chevaux qui en auraient besoin.

S'il fallait monter à cheval pendant la nuit, ces lanternes serviraient, en outre, à rallumer promptement les réverbères et à éclairer les cavaliers pour seller.

Le plus grand silence est recommandé aux gardes d'écurie et aux sous-officiers de ronde pendant la nuit.

En été, l'éclairage momentané du soir et du matin devient inutile en raison de la longueur des jours ; mais les réverbères n'en sont pas moins tenus en état d'être allumés sans retard, et, en cas de besoin imprévu, pendant la nuit.

parmi les cavaliers admis à l'école d'escadron, qui ont au mois six mois de service, et qui ont mérité cette distinction par leur bonne conduite, leur zèle, leur tenue et leurs progrès en équitation.

Ils sont désignés par le colonel, sur la proposition de l'officier de peloton, l'approbation du capitaine commandant, et l'avis du chef d'escadrons.

A la guerre, un acte d'intrépidité, une bravoure soutenue, dispensent de l'ancienneté.

Service et corvées.

236. Les cavaliers de première classe font le même service et sont sujets aux mêmes corvées que ceux de deuxième classe.

Ils entrent en nombre proportionnel dans la composition des différents services.

Lorsqu'un brigadier de chambrée s'absente, son autorité passe, à défaut d'autres brigadiers, au plus ancien cavalier de première classe de la chambrée.

Les escouades auxquelles il n'est point attaché de brigadiers sont commandées par le plus ancien cavalier de première classe qui s'y trouve.

MUSICIENS.

« 236 *bis*. Le personnel de la musique de chaque
« régiment forme une section. Pour l'administration,
« la section de musique est rattachée au petit état-major
« sous les ordres de l'officier d'habillement.

« Le chef de musique a la direction exclusive de son
« corps de musique, personnel et matériel. A l'instar de
« ce qui est déterminé pour les commandants de com-
« pagnie, il répond de l'instruction, de la police, de la
« discipline et de la tenue de ses musiciens.

« Pour sa spécialité, il ne relève que du chef de
« corps; pour le service militaire, il relève des officiers
« supérieurs, des adjudants-majors et de l'officier d'ha-
« billement.

« Le sous-chef a pour mission de seconder, et, au be-
« soin, de suppléer en tout le chef de musique; il est

« chargé de tous les détails du service de la musique et
« la représente au rapport journalier. Pour sa spécialité,
« il ne relève que du chef de musique; quant au service
« militaire, il relève de tous les officiers.

« Les musiciens de 1ʳᵉ, 2ᵉ et 3ᵉ classes sont subor-
« donnés d'une manière absolue et pour tous les détails
« du service, tant spécial que militaire, au chef de mu-
« sique et subsidiairement au sous-chef. Ils relèvent en
« outre, quant au service militaire, de tous les officiers
« et adjudants sous-officiers.

« Les soldats élèves musiciens suivent les cours de
« musique et concourent à l'exécution, mais comptent à
« leur escadron.

« Dans les régiments de troupes à cheval, le corps de
« musique est tout à fait distinct des trompettes, lesquels,
« sous la direction du brigadier trompette et à raison de
« 2 par escadron, sont constitués comme les tambours
« dans les troupes à pied.

« Les chefs de musique restent étrangers à l'instruc-
« tion des trompettes, laquelle ne comporte que l'exécu-
« tion des marches et sonneries réglementaires. (Règle-
« ment du 25 août 1854 et décision impériale du 3
« mars 1855.) »

CHAPITRE XXIII.

TROMPETTES.

Police et instruction.

237. Les trompettes, gagistes ou autres, sont pour
leur service et leur instruction, sous les ordres du trompette maréchal des logis et du trompette brigadier; ils
sont soumis à la police des chambrées dans lesquelles ils
logent.

Le trompette maréchal des logis et le trompette brigadier sont chargés d'enseigner aux trompettes les sonneries de l'ordonnance et d'en former un nombre suffisant
pour les fanfares. Le trompette maréchal des logis rend
compte de l'instruction des trompettes à l'officier chargé
de cette surveillance.

Quand des troupes de différents corps occupent le même quartier, les trompettes maréchaux des logis prennent les ordres de leurs colonels, pour ajouter aux sonneries un signal distinctif qui empêche que le service ne soit confondu entre les corps (1).

Réunion du régiment; garde montante.

238. Chaque fois que le régiment se réunit, le trompette maréchal des logis fait l'appel des trompettes et le rend à l'adjudant de semaine.

Le trompette maréchal des logis et le trompette brigadier assistent alternativement à la garde montante (1).

Retraite.

239. Le trompette maréchal des logis et le trompette brigadier se trouvent alternativement à la retraite; celui qui est de service réunit au quartier les trompettes et les conduit sur la place d'armes.

La retraite est sonnée sur tous les points indiqués par l'adjudant.

Avant de rentrer, les trompettes la sonnent toujours devant le quartier (1).

Service et corvées.

240. Les trompettes roulent ensemble pour le service de garde et de détachement. Le trompette maréchal de logis ne commande pas à la fois deux trompettes du même escadron.

Il y a tous les jours un trompette de service au quartier pour exécuter toutes les sonneries; il est aux ordres de l'adjudant-major, de l'adjudant de semaine, et du maréchal des logis de garde.

Les trompettes sont exempts des corvées de l'escadron; ils font celles de la chambrée et du fourrage. Ils roulent avec les cavaliers de l'escadron pour les gardes d'écurie (1).

Cas de partage du régiment.

241. Quand le régiment est divisé, le trompette ma-

---

(1) Ces articles sont modifiés par l'article 236 *bis*.

réchal des logis marche avec les escadrons que commande le colonel, et le trompette brigadier avec les autres, les trompettes suivent leurs escadrons respectifs (1).

CHAPITRE XXIV.

PELOTON HORS RANG.

Dispositions générales.

242. Le nombre des cavaliers qui font partie du peloton hors rang peut, selon les besoins, être augmenté ou diminué par des mutations entre ce peloton et les escadrons : ces mutations sont autorisées par le colonel, sur la proposition du major et l'avis du lieutenant-colonel.

Les cavaliers du peloton hors rang sont de préférence choisis parmi les hommes admis à l'escadron.

Logement; ordinaire; police.

243. Les brigadiers et les cavaliers du peloton hors rang logent et font ordinaire ensemble. Ils sont assujettis, en ce qui concerne la police, la tenue et l'ordinaire, aux mêmes règles que ceux des escadrons (2).

Service; corvées.

244. Ils sont habituellement exempts de service; ils vont aux distributions et aux corvées relatives à leur peloton.

Inspections et instructions.

245. Ils sont inspectés et exercés à pied le dimanche; leur travail à cheval est subordonné aux besoins des ateliers : ceux qu'on destine à suivre les escadrons de guerre sont particulièrement exercés avec le régiment aux marches militaires.

---

(1) Cet article est modifié par l'article 236 *bis*.

(2) *Le brigadier second prévôt est chargé des détails de l'infirmerie régimentaire.* (Décision ministérielle du 11 février 1834.)

Les hommes du peloton hors rang qui font entretenir leurs armes et leurs effets d'équipement par des cavaliers des escadrons, leur paient un franc cinquante centimes par mois.

Salaires des ouvriers aux ateliers; versement aux masses individuelles.

246. Le tarif des salaires à payer aux ouvriers par les maîtres ouvriers est arrêté par le conseil d'administration, sur la proposition du major.

Si leur masse individuelle n'est pas complète, il est exercé sur le produit de leur travail une retenue déterminée par le major.

TITRE II.

DEVOIRS GÉNÉRAUX ET COMMUNS AUX DIVERS GRADES.

CHAPITRE XXV.

RAPPORT JOURNALIER.

247. Tous les matins les maréchaux des logis chefs présentent à leur capitaine commandant le rapport des vingt-quatre heures, contenant la situation, les demandes et les punitions des sous-officiers, des brigadiers et des cavaliers, et toutes les mutations.

Les maréchaux des logis chefs remettent ces rapports et les pièces à l'appui des mutations à l'adjudant de semaine, au moins une heure avant celle de la réunion du rapport.

L'adjudant en forme le rapport général (modèle L.), après y avoir ajouté celui de la garde de police et le signe. Les rapports des escadrons sont rendus, avec les pièces à l'appui, aux maréchaux des logis chefs.

L'adjudant, les maréchaux des logis chefs, un des

sous-officiers attachés à l'instruction et le fourrier d'état-major, se réunissent dans la salle du rapport.

L'adjudant-major fait prendre par l'adjudant une note écrite de toutes les décisions du colonel. L'adjudant retourne sur-le-champ au quartier pour les communiquer aux maréchaux des logis chefs. Il informe les officiers de l'état-major des dispositions qui les regardent.

Les maréchaux des logis chefs vont rendre compte aux capitaines commandants des décisions du colonel ; ils font communiquer, par les brigadiers fourriers, aux autres officiers de l'escadron, les ordres qui concernent ces officiers.

A l'heure indiquée, les rapports des escadrons sont portés au major par les fourriers, avec les pièces à l'appui des mutations. Le major, après avoir vérifié les mutations, vise les rapports, et les envoie au trésorier avec les pièces.

Le rapport du peloton hors rang est conforme à celui des escadrons ; le vaguemestre l'établit, le présente à la signature de l'officier d'habillement, et le porte ensuite au trésorier, qui y inscrit les mutations du grand et du petit état-major.

Ce rapport, après avoir été transcrit par l'adjudant de semaine, sur le rapport général, reçoit la même destination que ceux des escadrons.

Lorsque le régiment occupe plusieurs casernes, un adjudant ou un maréchal des logis chef par caserne accompagne le lieutenant-colonel chez le colonel, afin de recevoir de l'adjudant de semaine les décisions sur le rapport et les ordres donnés par le colonel, et de les communiquer immédiatement aux maréchaux des logis chefs des escadrons logés avec lui (1).

---

(1) *Le sous-chef de musique est chargé de tous les détails du service de la musique et la représente au rapport journalier.*

CHAPITRE XXVI.

MARQUES EXTÉRIEURES DE RESPECT.

Devoirs généraux.

248. Tout militaire doit, en toutes circonstances, même hors du service, de la déférence et du respect aux grades qui sont supérieurs au sien, quels que soient l'arme et le corps auxquels appartiennent ceux qui en sont revêtus.

L'inférieur prévient le supérieur en le saluant le premier ; le supérieur rend le salut.

Formes du salut.

249. Le salut des officiers consiste à porter la main droite au casque ou au shako, ou à se découvrir lorsqu'ils sont en bonnet de police.

Les sous-officiers et les cavaliers saluent en portant la main droite au côté droit de la visière du casque ou du shako, ou du turban du bonnet de police, la paume de la main en dehors, le coude à hauteur de l'épaule.

A cheval, les officiers, les sous-officiers et les cavaliers saluent en portant la main droite à la coiffure, quelle qu'elle soit.

Tout sous-officier ou soldat qui est assis se lève pour saluer un officier, et se tourne de son côté.

Le salut ne se renouvelle pas dans une promenade ou dans tout autre lieu public.

Lorsque les officiers sont en casque ou en shako, ils ne se découvrent chez leur supérieur qu'après l'avoir salué. Les sous-officiers et les cavaliers ne se découvrent que lorsque le supérieur les y autorise.

Tout sous-officier ou cavalier, parlant à un officier, prend une attitude militaire ; s'il est en bonnet de police, il le tient à la main jusqu'à ce que l'officier l'autorise à se couvrir (1).

---

(1) *Les marques de respect sont dues par tous les sous-officiers, brigadiers et cavaliers, aux officiers en uniforme, en toutes circonstances et sans aucune distinction de tenue, d'arme ou de grade* (Décision ministérielle du 15 janvier 1847.)

Salut à l'égard des fonctionnaires.

250. Les officiers de l'intendance militaire ont droit au salut des militaires, suivant leur rang d'assimilation.

Y ont encore droit, les fonctionnaires civils en costume, les officiers de santé militaires, les vétérinaires militaires et les chefs de musique (1).

Plantons et ordonnances.

251. En passant près des officiers, les plantons et les ordonnances à pied avec le mousqueton portent l'arme sans s'arrêter.

Quand ils sont chargés d'une dépêche, ils la remettent de la main gauche, et vont attendre à quelques pas de distance, et reposés sur l'arme, la réponse ou le reçu.

Si la dépêche est remise à un officier général ou supérieur, l'ordonnance présente l'arme, la contient de la main gauche et remet la dépêche de la main droite.

Les ordonnances à cheval saluent et remettent ensuite la dépêche de la main droite.

____

(1) Décision royale du 8 juillet 1835, règlements des 12 juin 1852 et 25 août 1854.

Les militaires décorés de la médaille militaire ont droit au salut des autres militaires du même grade qu'eux qui ne seraient point décorés de la médaille. (Décision ministérielle du 2 mars 1853.)

Le chef de musique a droit au salut de tous les hommes de troupe.

Le sous-chef de musique a droit au salut des maréchaux des logis, brigadiers et cavaliers.

Les musiciens de 1re, 2e ou 3e classe sont tenus au salut envers les officiers, le chef et le sous-chef de musique et les adjudants sous-officiers. Ils n'ont eux-mêmes droit à aucun honneur. (Règlement du 25 août 1854 et décision impériale du 5 mars 1855.)

CHAPITRE XXVIII.

MODE DE RÉCEPTION DES OFFICIERS, DES SOUS-OFFICIERS ET DES BRIGADIERS.

Nominations mises à l'ordre.

253. Les nominations d'officiers, de sous-officiers, de brigadiers et de cavaliers de première classe sont mises à l'ordre du régiment.

Réception des sous-officiers et brigadiers.

255. Les adjudants sont reçus à la garde montante par l'adjudant-major de semaine, en présence de tous les sous-officiers.

Les maréchaux des logis chefs, les maréchaux des logis, les fourriers et les brigadiers sont reçus par le capitaine commandant, la première fois que l'escadron prend les armes.

Le trompette maréchal des logis et le trompette brigadier sont reçus à la garde montante, en face des trompettes, par l'adjudant-major de semaine.

La formule de réception est la même que pour les officiers. Il n'est point ouvert de ban ; seulement il est sonné un demi-appel pour la réception des adjudants (1).

CHAPITRE XXIX.

CONSIGNE GÉNÉRALE POUR LA GARDE DE POLICE. DEVOIRS DU MARÉCHAL DES LOGIS DE GARDE.

Formation de la nouvelle garde.

257. Le maréchal des logis de garde amène la garde montante à la gauche de l'ancienne, ou vis-à-vis, à défaut d'espace ; la garde, quand elle est au-dessous de neuf hommes, n'est formée que sur un rang ; le brigadier est à la gauche.

---

(1) *La réception des sous-chefs de musique et musiciens est constatée par la voie de l'ordre.* (Règlement du 25 août 1854 et décision impériale du 5 mars 1855).

Le maréchal des logis ne fait rompre les rangs que lorsque la garde descendante est partie.

Le maréchal des logis responsable du service.

258. Il est responsable de la ponctualité avec laquelle le brigadier et les sentinelles remplissent leurs devoirs, et il leur fait répéter souvent leurs consignes.

Il est chargé, sous les ordres de l'adjudant de semaine, de faire exécuter toutes les sonneries.

Visite des salles de discipline et prisons; consignés.

259. Il visite, matin et soir, la salle de police, la prison et le cachot; il reçoit les demandes des détenus. Il fait prévenir les officiers et les sous-officiers auxquels les prisonniers désirent adresser des réclamations.

Il fait fréquemment l'appel des consignés.

Propreté du quartier.

260. Une demi-heure après la soupe du matin, il rassemble les détenus et les consignés; il leur fait balayer les cours et les latrines; lorsque leur nombre n'est pas suffisant, il demande des hommes de corvée aux brigadiers de semaine.

Surveillance de la tenue de la troupe.

261. Lorsqu'il n'y a pas, à la porte du quartier, un maréchal de logis de planton chargé spécialement de surveiller la tenue, cette surveillance appartient au maréchal des logis de garde; il ne laisse sortir aucun sous-officier, brigadier et cavalier que dans la tenue prescrite.

Étrangers entrant au quartier.

262. Lorsqu'un étranger se présente pour entrer au quartier, le maréchal des logis le fait conduire à l'un des adjudants. Il refuse entrée aux gens sans aveu et aux femmes qui lui paraissent suspectes.

Fermeture des portes; rondes aux écuries.

263. À l'appel du soir, il fait fermer par le brigadier les portes du quartier. Il visite ensuite les écuries, regarde si les chevaux ne sont pas détachés ou empêtrés, si les lanternes éclairent suffisamment, si les gardes d'écurie sont à leur poste et dans la tenue prescrite; cette visite est renouvelée toutes les heures, soit par lui, soit par le brigadier.

Extinction des lumières.

264. A dix heures, il fait sonner pour éteindre les lumières; il indique, dans son rapport, les chambres dans lesquelles il a été obligé de passer pour les faire éteindre.

Avant ou après chaque visite d'écurie, il fait des rondes autour du quartier, pour voir si tout est tranquille : il en fait faire quelquefois par le brigadier.

Après l'appel, les brigadiers et cavaliers ne peuvent plus rentrer sans se présenter au maréchal des logis, qui retire leur permission; les sous-officiers qui rentrent après cet appel doivent également se présenter à lui.

Secours du chirurgien-major.

265. Le maréchal des logis remet au chirurgien-major, lorsque celui-ci vient, le matin, faire sa visite au quartier, les billets que les maréchaux de logis chefs ont fait déposer au corps de garde. Si, pendant la nuit, il est averti que quelqu'un ait besoin de prompts secours, il envoie aussitôt appeler le chirurgien-major, ou son aide, par un homme de garde intelligent.

Inspection de la garde.

266. Avant l'appel du matin, il fait mettre la garde en bonne tenue et en passe l'inspection.

La garde défère aux réquisitions de l'autorité.

267. Il fait marcher une partie de la garde, sur la demande de tout militaire en grade. Il défère aux réquisitions des officiers de police judiciaire et civile, et même des habitants, lorsqu'il s'agit de rétablir l'ordre, et d'arrêter ceux qui le troublent. Dans aucun cas, il ne marche lui-même et ne dégarnit son poste de plus de la moitié de sa force.

CAV. 4

Registre des rapports journaliers.

268. Il y a, dans chaque corps de garde de police, un registre destiné à l'inscription des consignes qui doivent durer plusieurs jours, des entrées et des sorties des salles de discipline, des rentrées au quartier après l'appel ou après les heures portées sur les permissions, des rondes, des patrouilles et des événements qui doivent être mentionnés au rapport.

Ce rapport est signé le matin par le maréchal des logis, qui le porte à l'adjudant de semaine une demi-heure après le réveil ; l'adjudant le vise ; le chef d'escadrons de semaine l'arrête le dimanche.

L'indication du logement des officiers du régiment et des chirurgiens est inscrite en tête de ce registre ; l'adjudant de semaine y mentionne les changements à mesure qu'ils surviennent.

Descente de la garde.

269. La sentinelle crie *aux armes*, dès qu'elle aperçoit la nouvelle garde. Après que les consignes sont rendues, le corps de garde et les salles de discipline visités, le maréchal des logis fait partir sa troupe par le flanc ; à quinze pas, il fait remettre le sabre.

Garde de police commandée par un officier.

270. Lorsque la garde de police est commandée par un officier, cet officier assure, de concert avec l'adjudant-major de semaine, la tranquillité du quartier et l'exécution de la présente consigne : le maréchal des logis continue à être chargé, sous la surveillance de l'adjudant, des dispositions concernant les détenus, la propreté du quartier, la surveillance de la tenue et l'exactitude des sonneries.

DEVOIRS DU BRIGADIER DE GARDE.

Vérification au corps de garde et aux salles de discipline.

271. Le brigadier reconnaît en arrivant tous les ustensiles, registres et consignes du corps de garde ; s'il les trouve en mauvais état, il en fait le rapport au commandant du poste. Il visite les salles de discipline; il y vérifie le nombre des détenus.

Répartition du service entre les hommes de garde.

272. Il numérote les hommes de garde pour déterminer l'ordre des factions ; il désigne, lorsqu'il y a lieu, les plus intelligents pour porter les rapports verbaux et pour aller recevoir le mot d'ordre. Les corvées sont faites à tour de rôle, en commençant par les cavaliers qui doivent aller les derniers en faction.

Manière de relever les sentinelles.

273. Pour conduire en faction, le brigadier fait sortir en même temps tous les cavaliers de pose, les place sur un rang, s'il y a moins de quatre hommes, et les met en marche l'arme sur l'épaule droite ou le sabre à la main.

Il relève d'abord la sentinelle devant les armes, et ensuite la plus éloignée ; toutes, excepté la première, doivent le suivre jusqu'à son retour au poste, et s'arrêter à six pas de celle qu'on remplace. Les hommes sont placés en faction par ordre de numéro, en commençant par la sentinelle devant les armes.

Pour relever, il place la nouvelle sentinelle à la gauche de l'ancienne, et commande :

1° *Portez (vos) armes ;*
2° *A droite et à gauche ;*
3° *Présentez (vos) armes.*

Il fait répéter la consigne, et il explique ce qu'il croit convenable pour la faire mieux comprendre.

Il reconnaît les objets que doivent contenir les guérites, tels que manteaux, consignes, etc.

Il ramène les factionnaires dans le même ordre qu'il a conduit la pose, leur fait faire demi-tour à droite, présenter les armes, faire haut les armes et rompre les rangs.

Il rend compte au maréchal des logis.

Reconnaissance des rondes ou patrouilles.

274. Lorsqu'une ronde ou patrouille est arrêtée, le brigadier se porte à quinze pas de la sentinelle, crie : *qui vive*, et après qu'on lui a répondu, il dit : *avance à l'ordre*. Il reçoit le mot d'ordre et donne le mot de ralliement.

Il a désigné d'avance les hommes pour aller reconnaître avec lui.

Si c'est une ronde-major, la garde prend les armes. Le chef du poste vient la reconnaître ; il reçoit le mot de ralliement et donne le mot d'ordre.

Salles de discipline.

275. Le brigadier a les clefs des salles de discipline ; il ne peut les confier qu'au maréchal des logis de garde. Il n'y laisse entrer et n'en laisse sortir qui que ce soit, sans l'ordre du maréchal des logis.

Il fait porter la soupe à tous les détenus en même temps ; il est présent pendant qu'ils la mangent. Il s'oppose à ce qu'on leur porte de la lumière, des pipes, du vin ou de l'eau-de-vie.

Il empêche les cavaliers de communiquer avec les détenus.

Il visite les salles de discipline matin et soir ; il reconnaît les dégradations, voit s'il n'y a pas de malades, fait vider les baquets, balayer et renouveler l'eau dans les cruches.

Les salles de police doivent être aérées deux fois par jour, en prenant les précautions nécessaires pour empêcher l'évasion des détenus.

DEVOIRS DE LA SENTINELLE.

Alertes et honneurs.

276. Les sentinelles de la garde de police crient : *au feu*, si elles aperçoivent un incendie, et *à la garde* lorsqu'elles entendent du bruit par suite de querelles ou d'attroupements. La sentinelle qui est devant les armes crie : *aux armes*, lorsqu'elle aperçoit le Saint-Sacrement, une troupe armée, un officier général ou le commandant de la place, elle crie : *hors la garde*, lorsque le colonel, ou l'officier supérieur qui commande en son absence le régiment, vient au quartier.

Les sentinelles présentent les armes aux officiers généraux, aux officiers supérieurs de tous les corps, aux intendants et sous-intendants militaires, elles les portent à tous les autres officiers, aux officiers de santé militaires (1), ainsi qu'à toutes les personnes décorées d'un ordre français et portant leur décoration.

Il n'est point rendu d'honneurs avant le lever ni après le coucher du soleil.

---

(1) *Les médecins et les pharmaciens inspecteurs reçoivent le salut des sentinelles par la présentation de l'arme.*

Les médecins et les pharmaciens principaux, les médecins et les pharmaciens-majors et aides-majors reçoivent le salut des sentinelles par le port d'armes.

Les médecins et les pharmaciens commissionnés reçoivent le même salut que les aides-majors du cadre constitutif. (Décret du 23 mars 1852, *Journal militaire*, p. 232.)

Les sentinelles portent les armes aux vétérinaires principaux et aux vétérinaires de 1re et de 2e classe. (Règlem. du 12 juin 1852, *Journal militaire*, p. 522.)

En ce qui touche les honneurs à rendre aux militaires décorés de la Médaille militaire, les sentinelles devront régulariser leur position, soit l'arme au bras, soit l'arme au pied, et garder l'immobilité et la main dans le rang. (Décision impériale du 2 mars 1853, *Journal milit.*, p. 139).

Les sentinelles ne sont point obligées de rendre les honneurs à l'officier en tenue de matin, ni en aucune autre tenue, quand elle est couverte du caban ou du manteau ; mais elles lui doivent les marques de respect. Ces marques de respect consistent, pour la sentinelle, à régulariser sa position, soit l'arme au bras, soit l'arme au pied, à garder l'immobilité et la main dans le rang quand l'officier est à portée, c'est-à-dire à six pas au moins.

Ces marques de respect sont dues par toutes les sentinelles à tous les officiers sans distinction de corps ni de grade.

De même, les marques de respect définies par le cha-

Paquets portés ou jetés hors du quartier.

277. La sentinelle, placée à la porte du quartier, s'oppose à ce qu'aucun soldat sorte avec un paquet, sans être accompagné d'un brigadier. Elle ne laisse de même sortir aucun étranger porteur d'armes ou d'effets, sans l'autorisation du maréchal des logis.

Si on jette dehors un paquet, elle en avertit le maréchal des logis ou le brigadier de garde.

Sortie des chevaux.

278. Elle ne laisse sortir aucun cavalier avec son cheval sans l'autorisation d'un maréchal des logis ou d'un brigadier.

Propreté du quartier.

279. Elle ne permet pas de jeter ou de faire des ordures près du poste, ni dans l'intérieur du quartier.

Entrée d'étrangers au quartier; entrées et sorties après l'appel.

280. Elle ne laisse entrer aucun étranger, ni aucun militaire d'un autre corps, sans l'autorisation du maréchal des logis.

Après l'appel du soir, elle fait passer au corps de garde les militaires de tous grades qui rentrent au quartier ; elle empêche de sortir sans le consentement du maréchal des logis.

Lumières à faire éteindre.

281. Si elle aperçoit des lumières dans les chambres après la sonnerie pour les éteindre, elle en avertit le maréchal des logis.

---

pitre *XXVI (Cavalerie) de l'ordonnance du 22 novembre 1833, sont dues par les sous-officiers, brigadiers et soldats aux officiers en uniforme, en toutes circonstances et sans aucune distinction de tenue, d'arme ou de grade.* (Décision ministérielle du 15 janvier 1847, *Journal militaire,* p. 10.)

Rondes et patrouilles.

282. Après onze heures du soir, elle crie : *qui vive* sur tout le monde, et exige qu'on passe à quelques pas d'elle.

Si la garde est extérieure et qu'on réponde : *patrouille*, la sentinelle crie : *halte-là ; brigadier, patrouille.* Si c'est une ronde d'officier, de maréchal des logis ou de sergent, elle crie : *halte-là, brigadier. ronde d'officier (de maréchal des logis ou de sergent) ;* si c'est une ronde-major : *halte-là ; aux armes, ronde-major.*

CHAPITRE XXX.

CONSIGNE DES GARDES D'ÉCURIE.

Rassemblement et tenue des gardes d'écurie.

283. Il est commandé tous les jours dans chaque escadron, et en nombre nécessaire, des cavaliers de garde d'écurie ; ces cavaliers sont en bonnet de police, en veste et pantalon d'écurie, en sabots ou souliers.

A l'heure de la garde montante, les gardes d'écurie sont réunis à la gauche de la garde de police. Lorsque celle-ci a défilé, les brigadiers de semaine relèvent les gardes d'écurie de leur escadron.

Consignes et ustensiles.

284. Les gardes d'écurie reçoivent et rendent, en présence du brigadier, les consignes et ustensiles d'écurie. S'il s'en trouve d'endommagés ou de perdus par leur faute, le prix de la réparation ou du remplacement est imputé sur leur masse individuelle.

Vigilance pour prévenir les accidents.

285. Ils doivent être vigilants jour et nuit, accourir au moindre bruit que font les chevaux, soit qu'ils se battent, s'embarrassent dans leurs longes ou se détachent.

Ils sont pourvus de plusieurs colliers et de longes de rechange pour attacher les chevaux qui cassent leur licou.

Comment les gardes peuvent s'absenter.

286. Ils ne peuvent s'absenter pour aller manger la soupe que successivement, d'après une autorisation qui n'est donnée que dans le cas où les écuries sont assez près des chambres pour qu'il n'en résulte aucun inconvénient.

Repas des chevaux ; propreté des écuries.

287. Aux heures des repas des chevaux, les brigadiers de chambrée envoient le nombre de cavaliers nécessaire pour aider les gardes d'écurie à donner à manger aux chevaux, à nettoyer les écuries, à relever et faire la litière. Les gardes d'écurie restent seuls chargés d'entretenir la plus grande propreté, de ne laisser séjourner sous les chevaux ni urine ni crottin, et de relever la paille à mesure qu'elle s'étend, pour la remettre à la litière ou la rejeter dans le râtelier.

Police intérieure des écuries.

288. Les écuries doivent être habituellement aérées.

Lorsque les chevaux y sont, les gardes d'écurie ont soin de n'y pas laisser pénétrer le soleil, et surtout d'éviter les courants d'air.

Lorsque les chevaux sont hors des écuries, les portes et les fenêtres en sont ouvertes.

Les gardes d'écurie empêchent qu'on entre dans les écuries avec du feu et qu'on y fume.

Ils n'en laissent sortir aucun cheval de troupe, sans l'autorisation d'un officier ou d'un sous-officier, ou brigadier de semaine.

Ils n'y admettent point de chevaux étrangers au régiment, sans l'ordre d'un officier ou d'un adjudant.

Quand il est fourni des couvertures aux gardes d'écurie, il leur est défendu de se servir de manteaux.

Accidents ; indispositions des chevaux.

289. Les gardes d'écurie rendent compte aux officiers et sous-officiers de ronde, et, à chaque pansage, au brigadier de semaine, du nombre des chevaux qui se sont détachés ou échappés, de celui des licous cassés, des accidents qui ont lieu dans l'intervalle des pansages, et des indispositions des chevaux, s'il en est survenu. Si ces accidents ou ces maladies sont d'une nature grave, ils en informent sur-le-champ le maréchal des logis de semaine ou celui de garde, qui en prévient le vétérinaire ou les officiers, selon le cas.

Exécution et affiche de la consigne.

290. Les officiers et sous-officiers de semaine, ainsi que le maréchal des logis de garde, sont chargés de l'exécution de la présente consigne, qui doit être affichée dans les écuries et au corps de garde.

Visites des ustensiles des écuries.

294. L'adjudant-major de semaine, l'officier chargé du casernement et l'officier qui a la surveillance spéciale des ustensiles d'écurie, en font de fréquentes visites, chacun en ce qui le concerne, et font mettre au compte des gardes d'écurie ou des escadrons, selon le cas, les réparations ou les remplacements nécessaires.

CHAPITRE XXXIII.

TRAVAILLEURS.

Tout cavalier peut être requis de travailler pour le régiment.

303. Les cavaliers qui peuvent être utilisés dans les ateliers du régiment sont obligés d'y travailler momentanément, lorsque cela est jugé nécessaire.

Toutes les fois qu'un cavalier en reçoit l'ordre, il est tenu d'exercer temporairement, dans l'intérêt du régiment, la profession qu'il avait avant son entrée au service.

Travailleurs hors des ateliers du régiment.

304. L'instruction des cavaliers et le pansage des chevaux ne permettant que très-difficilement de tolérer des travailleurs hors des ateliers du régiment, l'autorisation de travailler en ville n'est accordée qu'exceptionnellement, et lorsque le nombre des cavaliers est proportionnellement trop considérable pour celui des chevaux ; ces permissions ne sont données que pour les travaux qui développent les forces, l'agilité, et rendent les soldats plus propres aux travaux militaires et aux fatigues de la guerre. Dans aucun cas, les cavaliers ne peuvent être employés à des travaux qui dégradent la profession des armes.

Les travailleurs, hors des ateliers, sont tenus de payer pour leur service cinq francs par mois, qui sont partagés entre les ordinaires de l'escadron ; ils versent en outre cinq centimes par jour à leur ordinaire.

Cavaliers employés près des officiers.

305. Les officiers ne peuvent employer habituellement aucun cavalier à leur service personnel ; il leur est seulement permis d'en prendre un de leur escadron pour l'entretien de leurs armes, et de leurs effets d'équipement et de harnachement, et pour le pansage de leurs chevaux. Ces cavaliers ne peuvent être pris que parmi ceux qui sont admis à l'école d'escadron ; ils ne sont dispensés d'aucune partie du service et de l'instruction ; toute autre tenue que celle d'uniforme leur est interdite ; ils sont constamment dans la tenue prescrite pour les autres cavaliers. Il leur est payé quatre francs par mois pour chaque cheval, et trois francs pour l'entretien des armes et du harnachement.

Quand les officiers veulent obtenir l'autorisation de payer le service des cavaliers qui pansent leurs chevaux, le capitaine commandant en fait la demande au rapport, s'il juge qu'elle puisse être accordée sans inconvénient. Dans ce cas, le service de ces cavaliers est payé trois francs par mois.

CHAPITRE XXXIV.

TENUE.

Cheveux et moustaches.

308. Les cheveux des officiers, sous-officiers et cavaliers sont coupés courts, surtout par derrière ; ils ne forment jamais de touffes ni de boucles.

Les favoris ne dépassent pas la hauteur de la bouche, et ne doivent pas se joindre aux moustaches. Les moustaches ne doivent être ni cirées ni graissées ; elles doivent être coupées uniformément au niveau de la lèvre supérieure, s'étendre sans discontinuité sur toute la longueur de la lèvre et s'arrêter toutefois au coin de la bouche (Décis. ministérielle du 3 juin 1836).

Manière de porter et d'ajuster les effets.

309. Le casque et le shako se placent droit, de manière à ce que le milieu de la visière corresponde à la ligne du nez.

Le bonnet de police penche légèrement à droite, le bord touchant presque au sourcil droit et éloigné d'environ un pouce du sourcil gauche.

Lorsqu'on met les chaînettes ou jugulaires, elles sont attachées court sous le menton et en arrière des joues.

Le col est suffisamment serré pour ne pas bâiller sous le menton ; il doit dépasser le collet de l'habit d'environ deux lignes, et ne jamais laisser apercevoir la chemise.

L'habit et la veste d'écurie sont toujours boutonnés dans toute la longueur, et tirés en bas pour emboîter les hanches.

Le pantalon est soutenu par des bretelles.

La basane du pantalon de cheval est cirée.

La chaussure est toujours propre et cirée ; l'éperon nettoyé et poli.

Le sabre est soutenu par la bretelle ; à pied, il est relevé et mis au crochet, la monture en arrière, le ceinturon caché par l'habit.

Dans les régiments où le ceinturon se place par-dessus l'habit, il est ajusté de manière que la boucle s'agrafe sur les derniers boutons, et que le devant de l'habit sorte sous le ceinturon d'environ six lignes.

La grande bélière est d'une longueur de 810 millimètres. La petite est ajustée de manière que le cavalier puisse atteindre aisément la poignée du sabre, en inclinant légèrement le corps, lorsqu'il met le sabre à la main étant à cheval.

Dans les régiments de hussards, la sabretache est ajustée de manière que la pointe du milieu soit à 330 millimètres de terre (1 pied), l'homme étant debout.

La dragonne se passe dans le haut de la branche principale du sabre, où elle est maintenue par un des passants-coulants.

L'autre passant-coulant est assez éloigné du gland pour que le cavalier puisse engager le poignet dans la dragonne ; à pied, la dragonne est passée une fois autour de la poignée du sabre.

Le porte-giberne est ajusté de manière que le dessus du coffre de giberne se trouve à hauteur du coude droit du cavalier.

Le porte-mousqueton est tenu assez long pour que le cavalier puisse aisément mettre en joue. Les boucles et passants en cuivre sont à hauteur de ceux du porte-giberne. Lorsque le cavalier n'a pas le mousqueton au crochet, il passe le crochet dans l'anneau gauche de support de la giberne. Quand le mousqueton est au crochet, il est arrêté par la courroie de retrait jusqu'au moment où il doit en être fait usage.

La lanière de baguette du mousqueton est fixée au bouton d'assemblage, entre le porte-giberne et le porte-mousqueton.

L'épinglette, soutenue à sa partie supérieure par l'anneau de chaînette engagé dans le bouton d'assemblage, est fixée au-dessous de la banderolle, dans une petite coulisse en peau.

Les cuirasses sont ajustées de manière à ne pas comprimer la poitrine et les hanches des cavaliers. Elles joignent sur les côtes et sur les épaules, sans se croiser. Le bourrelet ressort sur les bords de la cuirasse de manière à garantir les vêtements : l'extrémité de la courroie de ceinture est arrêtée dans le passant-coulant.

Les cavaliers sont munis de leur manteau quand ils sont de service à un autre poste que celui de la garde de police et que ce service doit durer la nuit. Le manteau est alors roulé et porté en sautoir, de droite à gauche.

Les officiers, les sous-officiers et les cavaliers qui sont en deuil de famille peuvent porter un crêpe noir au bras gauche.

CHAPITRE XXXV.

REVUES.

Revues des inspecteurs généraux.

Revue d'ensemble.

811. Lorsque l'inspecteur général se rend sur le terrain pour la revue d'ensemble, le régiment est en bataille pour le recevoir. Après avoir passé devant le front, il ordonne au colonel de faire rompre par escadron.

Les hommes se placent par rang de contrôle, les officiers, les sous-officiers et les brigadiers à la droite de leur escadron; le grand et le petit état-major, ainsi que le peloton hors rang, se réunissent à la droite du régiment.

L'officier d'habillement pour l'état-major et le peloton hors rang, les capitaines commandants pour leur escadron, remettent successivement, à l'inspecteur général une feuille d'appel des hommes et un contrôle des chevaux.

L'inspecteur général fait lui-même l'appel des officiers; il fait faire celui du petit état-major et du peloton hors rang par l'adjudant vaguemestre, et celui des escadrons par les maréchaux des logis chefs, qui se tiennent en arrière du rang formé par l'escadron et à hauteur de l'inspecteur général.

Pendant le temps que dure la revue d'un escadron, cet escadron a le sabre à la main: les autres sont au repos et gardent le silence.

Le colonel, le lieutenant-colonel, le major, les chefs d'escadrons et les capitaines commandants pour leurs escadrons respectifs, le trésorier, l'officier d'habillement et le chirurgien-major accompagnent l'inspecteur général.

Quand la revue est terminée, l'inspecteur général fait défiler le régiment devant lui.

Revue de détail.

312. L'inspecteur général détermine si la revue de détail des hommes et des chevaux sera passée en même temps, ou si elle aura lieu séparément.

Les escadrons sont à l'avance formés sur un rang et pied à terre ; les officiers, les sous-officiers et les brigadiers sont à la droite de leur escadron, peloton, section ou escouade, afin de répondre aux questions que l'inspecteur peut leur adresser concernant les hommes et les chevaux sous leurs ordres.

Les lieutenants, les sous-lieutenants et les maréchaux des logis sont porteurs du livret de leur peloton ou section ; les maréchaux des logis chefs et les fourriers, des registres de l'escadron.

A moins d'un ordre contraire, les porte-manteaux sont mis à terre et ouverts, de manière que l'inspecteur puisse aisément vérifier tout ce qu'ils contiennent ; le livret de chaque homme est placé sur son porte-manteau.

Les officiers comptables portent sur le terrain tous les modèles des effets et tous les registres et comptes ouverts avec les escadrons.

REVUES DES GÉNÉRAUX.

Revues mensuelles et trimestrielles.

314. Les généraux commandant les brigades actives passent tous les mois la revue d'ensemble, et tous les trimestres la revue de détail des régiments sous leurs ordres. Les régiments sont formés alors de la manière prescrite pour les revues d'inspecteurs généraux, et se conforment à toutes les dispositions indiquées aux articles 311 et 312.

Les généraux commandant les divisions actives passent eux-mêmes ces revues, lorsqu'ils le jugent convenable.

Les généraux de divisions et les généraux de brigade commandant les divisions et les subdivisions territoriales passent, autant que possible, tous les mois et tous les trimestres, des revues semblables des régiments sous leurs ordres, qui ne sont pas réunis en divisions ou en brigades.

Les généraux de brigade rendent compte du résultat de leurs revues au général de division ; le général de division en fait l'objet d'un rapport d'ensemble qu'il adresse chaque trimestre au ministre de la guerre.

Indépendamment de ces revues périodiques, les généraux en passent d'extraordinaires, toutes les fois qu'ils le croient utile.

REVUES DES INTENDANTS ET SOUS-INTENDANTS MILITAIRES.

Revues sur le terrain.

815. Tous les officiers, les sous-officiers et les cavaliers, tous les chevaux d'officiers et de troupe, doivent être présents aux revues des intendants et sous-intendants militaires ; à cet effet, les postes et les plantons sont relevés par d'autres troupes de la garnison ; lorsque le régiment est seul dans la place, le premier escadron fournit, immédiatement après avoir été passé en revue, les hommes nécessaires pour relever les postes.

Avant l'arrivée de l'intendant ou du sous-intendant, les escadrons sont formés sur un rang, les officiers, les sous-officiers et les brigadiers à la droite, les trompettes, les enfants de troupe et les cavaliers à leur numéro de contrôle annuel ; le grand et le petit état-major, ainsi que le peloton hors rang, à la droite du régiment.

L'intendant, le sous-intendant et le régiment sont en grande tenue de service. (2° sem. 1835, pag. 44.)

Les maréchaux des logis chefs sont porteurs du livre d'escadron : les sous-officiers et les cavaliers ont leur livret dans le porte-manteau, afin que l'intendant ou le sous-intendant puisse vérifier pendant sa revue, quand il le croit utile, l'existence des effets d'habillement, de grand équipement, d'armement et de harnachement.

CHAPITRE XXXVI.

PERMISSIONS.

Permissions pour les sous-officiers, brigadiers et cavaliers.

Exemptions d'appel du matin et de deux heures.

321. Les exemptions d'un appel du matin ou d'un appel de deux heures sont accordées, soit par l'officier de semaine, soit par le maréchal des logis chef. En leur absence, elles peuvent être accordées aux brigadiers et cavaliers par le maréchal des logis de semaine. Ces deux sous-officiers en rendent compte à l'officier de semaine, qui en informe l'adjudant-major de semaine et le capitaine commandant.

Les exemptions pour les deux appels ne sont accordées que par l'officier de semaine.

Les permissions pour manquer à la soupe sont accordées par le brigadier de chambrée, qui en rend compte au maréchal des logis de semaine.

Exemptions d'appel du soir.

322. Les exemptions d'appel du soir sont accordées par le capitaine commandant ; elles sont demandées au maréchal des logis chef, qui les lui soumet lorsqu'il lui porte le rapport. Elles sont signées par le capitaine commandant et contre-signées par l'adjudant de semaine. Ceux qui les obtiennent les remettent au maréchal des logis de la garde de police en rentrant au quartier.

Si, dans le courant de la journée, un brigadier ou un cavalier a besoin d'une exemption de l'appel du soir, il s'adresse au maréchal des logis chef qui la demande à l'officier de semaine ; celui-ci est autorisé à l'accorder, lorsqu'il en reconnaît l'urgence ; dans ce cas, elle est signée par lui ; il en rend compte à l'adjudant-major de semaine. Le maréchal des logis chef en rend compte au capitaine commandant le lendemain matin.

Exemptions d'exercice et d'évolutions.

323. Les exemptions d'exercice ou d'évolutions sont accordées aux sous-officiers, brigadiers et cavaliers par le capitaine commandant, sur la demande de l'officier de semaine ou du maréchal des logis chef.

Elles sont accordées par le capitaine instructeur aux sous-officiers, brigadiers et cavaliers attachés aux classes d'instruction sous sa direction, ainsi qu'aux recrues qui en font partie.

Les unes et les autres, quand elles doivent durer plus d'un jour, sont demandées au rapport.

Permissions pour découcher ou pour quitter la garnison.

324. Les permissions pour découcher sans quitter la garnison sont demandées au rapport.

Les permissions de s'absenter de la garnison sont demandées par les capitaines commandants, et accordées comme celles des officiers.

Permissions permanentes pour les sous-officiers.

325. Les maréchaux des logis, lorsqu'ils ne sont pas de semaine, et les fourriers sont dispensés de se trouver le soir à l'appel; tous les sous-officiers qui ne sont pas de semaine, sont autorisés à ne rentrer au quartier qu'une heure après cet appel. Le colonel retire cette permission lorsqu'il en est fait abus ou que le service l'exige.

Lorsqu'après l'appel du soir, les sous-officiers sortent du quartier ou y rentrent, ils sont tenus de se présenter au maréchal des logis de la garde de la police.

Les punitions privent d'exemptions et de permissions.

326. Hors le cas de nécessité reconnue, les exemption et les permissions ne sont accordées qu'à des hommes dont la conduite est habituellement régulière.

Tout sous-officier, brigadier et cavalier qui a été puni du cachot, de la prison ou de la salle de police, est privé de permission et d'exemption pendant le reste de la semaine et le dimanche suivant.

Dispositions communes aux divers grades.

327. Le nombre des permissions et des exemptions d'exercice est limité par le colonel, lorsqu'il le juge nécessaire.

Les permissions accordées pour la journée et au delà sont mentionnées au rapport.

CHAPITRE XXXVII.

PUNITIONS.

Fautes contre la discipline.

328. Sont réputées fautes contre la discipline et punies comme telles, suivant leur gravité :

De la part du supérieur, tout propos injurieux, toute voie de fait envers un subordonné, toute punition injustement infligée ; de la part de l'inférieur, tout murmure, mauvais propos ou défaut d'obéissance, quelque raison qu'il croie avoir de se plaindre ; l'infraction des punitions ; l'ivresse, pour peu qu'elle trouble l'ordre public ou militaire ; le dérangement de conduite ; les dettes, les querelles entre militaires ou avec des citoyens ; le manque aux appels, à l'instruction, aux différents services ; les contraventions aux ordres et aux règles de police ; enfin toute faute contre le devoir militaire, provenant de négligence, de paresse ou de mauvaise volonté.

Les fautes sont toujours plus graves quand elles sont réitérées et surtout habituelles, et quand elles ont lieu pendant la durée du service, ou lorsqu'il s'y joint quelque circonstance qui peut porter atteinte à l'honneur ou entraîner du désordre.

Tout supérieur qui rencontre un inférieur pris de vin, ou troublant la tranquillité publique, ou dans une tenue indécente, doit employer son influence et même son autorité pour le faire rentrer dans l'ordre ; toutefois, il doit, autant que possible, éviter de se commettre avec lui, particulièrement lorsque l'inférieur est dans l'ivresse ; il cherche à le faire arrêter par ses camarades, et, au besoin, par la garde.

A moins de nécessité absolue, la punition qu'aurait encourue un homme ivre, ne doit lui être infligée que lorsque l'état d'ivresse a cessé.

Droit de punir.

329. En ce qui concerne le service et l'ordre public, tout militaire peut être puni par un militaire d'un grade supérieur au sien, quels que soient l'arme et le corps de celui-ci.

Nul ne peut être puni de plusieurs peines de discipline simultanément ni successivement, pour une seule et même faute.

Tout supérieur qui inflige une punition à un militaire d'un autre régiment, en rend compte sur-le-champ au commandant de la place, qui en informe le chef du corps auquel appartient le militaire puni.

L'officier commandant par intérim un escadron a le droit d'infliger les mêmes punitions que le capitaine commandant.

L'officier supérieur commandant par intérim le régiment a le droit d'infliger les mêmes punitions que le colonel.

Tout capitaine, lieutenant ou sous-lieutenant, commandant un détachement, a le droit d'infliger les mêmes punitions que les art. 332, 344. 348 et 349 assignent aux attributions des officiers supérieurs ; l'officier supérieur commandant un détachement a les mêmes droits à cet égard que le colonel, sauf ce qui est dit art. 352.

Le commandant du régiment peut augmenter ou diminuer les punitions ; il peut en changer la nature et même les faire cesser. Dans ce dernier cas, il fait sentir à celui qui a puni l'erreur qu'il a commise, et le charge de lever la punition. Il le punit lui-même s'il est reconnu qu'il y a eu de sa part abus d'autorité.

Dans les corps qui ne sont composés que d'un escadron, l'officier commandant a le droit d'infliger les mêmes punitions qu'un chef d'escadrons dans un régiment. Lorsqu'il y a lieu d'ordonner des punitions plus graves, il en rend compte au commandant de la place qui prononce.

Impartialité dans les punitions.

330. Les punitions doivent être proportionnées non seulement aux fautes, mais encore à la conduite habituelle de chaque homme, au temps de service qu'il a accompli et à la connaissance qu'il a des règles de la discipline ; elles doivent être infligées avec justice et impartialité, et jamais par aucun sentiment de haine ni de passion.

Le supérieur doit s'attacher à prévenir les fautes ; lorsqu'il est dans l'obligation de punir, il recherche avec soin toutes les circonstances atténuantes. En infligeant une punition, il ne se permet jamais de propos outrageants ; le calme du supérieur fait connaître qu'en punissant il n'est animé que par le bien du service et le sentiment de son devoir.

PUNITIONS DES SOUS-OFFICIERS.

Nature des punitions.

343. Les punitions à infliger aux sous-officiers sont :

La privation de sortir du quartier après l'appel du soir ,

La consigne au quartier ou dans la chambre ;

La salle de police ;

La prison.

Pour les fautes de tenue, soit personnelles, soit relatives à leur troupe, les sous-officiers sont punis de la consigne.

Pour les fautes contre la discipline intérieure, ils sont punis de la salle de police.

Pour les fautes plus graves, entre autres celles qu'ils commettent pendant un service armé, ils sont punis de la prison.

La punition de la consigne ne peut être infligée pour plus de trente jours ; il en est de même de la punition de la salle de police. La prison ne peut être infligée pour plus de quinze jours.

Par qui ordonnées.

344. Les punitions sont ordonnées aux sous-officiers de la manière suivante :

Par les maréchaux des logis chefs, quatre jours de consigne, ou deux jours de salle de police ;

Par le maréchal des logis chef, dans son escadron, par les adjudants, les sous-lieutenants et les lieutenants, huit jours de consigne, ou quatre jours de salle de police ;

Par les adjudants-majors ou par les capitaines, quinze jours de consigne, ou huit de salle de police, ou quatre de prison ;

Par le capitaine commandant, dans son escadron, ou par les officiers supérieurs, trente jours de consigne, ou quinze de salle de police, ou huit de prison.

Le colonel peut ordonner jusqu'à trente jours de salle de police, ou quinze de prison.

Les punitions à infliger aux sous-officiers d'état-major et à ceux du peloton hors rang sont prononcées, pour ce qui regarde leur service spécial, par les officiers qui en ont la direction ; pour tout autre objet, elles le sont par tout supérieur en grade (1)

---

(1) *Le sous-chef de musique et les musiciens de 1re, 2e ou 3e classe sont punissables, pour les fautes contre la discipline, par les officiers et les sous-officiers desquels ils relèvent respectivement (le sous-chef relève du chef de musique et de tous les officiers ; les musiciens, du chef, du sous-chef de musique, des officiers et des adjudants sous-officiers), dans les conditions et les limites détermi-nées pour chaque grade et chaque position par l'ordon-nance du 2 novembre 1833.* (Règlement du 25 août 1854, et décision impériale du 5 mars 1855.)

Le sous-chef de musique a, à l'égard des musiciens, le droit de punition dévolu aux adjudants sous-officiers.

Lorsque le chef ou le sous-chef de musique ont à se plaindre d'un sous-officier, brigadier ou cavalier, ils doivent adresser leur plainte à l'adjudant-major de se-maine ou au commandant de l'escadron qui font droit, s'il y a lieu. (Règlement du 25 août 1854 et décision im-périale du 5 mars 1855.)

Consignés.

345. Les sous-officiers consignés ne sont dispensés d'aucun service. Lorsque leur service exige qu'ils sortent du quartier, ils en préviennent l'adjudant de semaine, et reprennent leur punition aussitôt après.

Salle de police ; prison.

346. Tout service est interdit aux sous-officiers à la salle de police ou en prison. Ceux qui sont à la salle de police assistent, dans la même tenue que les autres sous-officiers, à toutes les classes d'instruction auxquelles ils sont attachés. Ceux qui sont en prison n'y assistent pas.

PUNITIONS DES BRIGADIERS ET CAVALIERS.

Nature des punitions.

347. Les punitions à infliger aux brigadiers et cavaliers sont :

La consigne au quartier ;

La salle de police ;

La prison ;

Le cachot ;

L'interdiction de porter le sabre hors du service.

Pour les fautes légères dans les chambrées, ou écuries, pour irrégularité dans la tenue, pour négligence ou paresse à l'instruction, pour manque aux appels de la journée, les brigadiers et les cavaliers sont punis par la consigne ; les cavaliers peuvent l'être aussi par une ou plusieurs corvées.

Tout homme légèrement pris de boisson, s'il ne se met pas souvent dans ce cas, et s'il ne trouble pas l'ordre ou la tranquillité, est seulement puni de la consigne pour la journée.

Pour négligence dans l'entretien de leurs effets ou de leurs armes, les cavaliers sont punis par un ou plusieurs jours d'inspection avec la garde.

Pour manque à l'appel du soir, pour mauvais propos, désobéissance, querelle, ivresse, les brigadiers et les cavaliers sont punis de la salle de police.

Pour les fautes plus graves, particulièrement lorsqu'elles sont commises pendant un service armé, ils sont punis de la prison ou même du cachot.

Pour avoir tiré le sabre dans des rixes particulières, et indépendamment des autres punitions qu'ils peuvent avoir encourues, ils sont privés, pour un temps déterminé, de la faculté de porter cette arme hors du service.

La punition de la consigne ne peut être infligée pour plus de trente jours ; il en est de même de la punition de la salle de police. La prison ne peut être infligée pour plus de quinze jours ; le cachot ne peut l'être que pour quatre et en déduction d'autant de jours de prison.

Par qui ordonnées aux brigadiers.

848. Les punitions sont ordonnées aux brigadiers de la manière suivante :

Par les sous-officiers, quatre jours de consigne ou deux jours de salle de police ;

Par le maréchal de logis chef dans son escadron, par les adjudants, les sous-lieutenants et les lieutenants, huit jours de consigne ou quatre de salle de police, et huit jours d'interdiction de port du sabre ;

Par les adjudants-majors ou les capitaines, quinze jours de consigne, ou huit de salle de police, ou quatre de prison, et quinze jours d'interdiction de port du sabre ;

Par le capitaine commandant dans son escadron, ou par les officiers supérieurs, trente jours de consigne, ou quinze de salle de police, ou huit de prison, et trente jours d'interdiction de port du sabre.

Le colonel peut infliger trente jours de salle de police ou quinze de prison, et ordonner le cachot. Il peut interdire le port du sabre pendant soixante jours.

Les brigadiers sont mis dans les mêmes salles de police et prison que les sous-officiers.

Par qui ordonnées aux cavaliers.

849. Les corvées et l'inspection avec la garde peuvent être ordonnées aux cavaliers par les autorités de tout grade. Les autres punitions sont ordonnées de la manière suivante :

Par les brigadiers et le brigadier fourrier, quatre jours de consigne, ou deux de salle de police ;

Par les sous-officiers, huit jours de consigne ou quatre de salle de police ;

Par le maréchal des logis chef dans son escadron, par les adjudants, les sous-lieutenants ou les lieutenants, quinze jours de consigne ou huit de salle de police, et quinze jours d'interdiction de port de sabre ;

Par les adjudants-majors ou les capitaines, trente jours de consigne, ou quinze de salle de police, ou quatre de prison, et trente jours d'interdiction du port du sabre ;

Par le capitaine commandant dans son escadron, ou par les officiers supérieurs, trente jours de consigne ou de salle de police, ou huit jours de prison, et soixante jours d'interdiction de port du sabre.

Le colonel peut infliger quinze jours de prison, et ordonner le cachot. Il peut interdire le port du sabre pendant quatre-vingt-dix jours.

Service des hommes punis.

350. Les brigadiers et cavaliers consignés ou détenus à la salle de police ne sont dispensés d'aucun service ; ils assistent à toutes les classes d'instruction auxquelles ils sont attachés ; ils reprennent leur punition au retour ; les sous-officiers et les brigadiers de semaine en sont responsables.

Ils sont en outre exercés, en peloton de punition, aux heures indiquées par l'adjudant-major de semaine, et sous le commandement d'un adjudant ou d'un sous-officier désigné à cet effet.

Les cavaliers consignés ou détenus à la salle de police sont employés à toutes les corvées du quartier.

Tout cavalier doit, à sa sortie de prison, panser un cheval de corvée, s'il y en a, autant de jours que le sien a été pansé pendant sa punition.

Les brigadiers et les cavaliers en prison ou au cachot ne font pas de service ; leurs centimes de poche sont versés en totalité aux ordinaires dont ils font partie.

Dispositions communes aux sous-officiers, brigadiers
et cavaliers.

354. Tout officier, sous-officier ou brigadier qui inflige une punition, doit en faire informer le capitaine commandant par le maréchal des logis chef de l'escadron auquel appartient l'homme puni, en indiquant le motif de la punition et le jour auquel elle expire.

A l'expiration des punitions, l'adjudant de semaine fait élargir les hommes punis, et les fait conduire à leur escadron par les brigadiers de semaine.

Lorsque des maréchaux des logis et des brigadiers sont chefs de poste, ils peuvent infliger aux hommes de service sous leurs ordres les punitions que les lieutenants sont autorisés à ordonner par les art. 348 et 349.

Les capitaines commandants peuvent, dans leur escadron, augmenter les punitions infligées par leurs subordonnés; ils en rendent compte. Lorsqu'il y a lieu de diminuer les punitions, ils en font la demande par la voie du rapport.

Les chirurgiens peuvent infliger la consigne ou la salle de police aux sous-officiers, brigadiers et cavaliers ; ils en rendent compte au lieutenant-colonel, qui, sur leur demande, fixe la durée de la punition, et la fait porter au rapport.

Le droit de consigner au quartier la totalité ou une fraction d'une troupe n'appartient qu'aux officiers généraux sous les ordres desquels elle se trouve, au commandant de la place et au commandant de cette troupe : ce dernier, lorsqu'il a jugé nécessaire d'ordonner cette punition, en informe sur-le-champ le commandant de la place, et lui en fait connaître les motifs ; il en rend compte au maréchal de camp. Hors le cas d'urgente nécessité, cette consigne ne peut, sans l'autorisation du maréchal de camp ou du commandant de la place, être infligée pour plus de vingt-quatre heures. Les officiers de semaine des escadrons consignés sont tenus de rester au quartier jusqu'à l'appel du soir ; le colonel peut ordonner aussi que tous les officiers de ces escadrons se trouvent au quartier.

Le colonel seul peut ordonner que les hommes punis de la prison subissent leur peine dans la prison de la place.

FORMES POUR SUSPENDRE ET POUR CASSER DES SOUS-OFFICIERS OU BRIGADIERS, ET POUR FAIRE DESCENDRE DES CAVALIERS DE LA PREMIÈRE CLASSE A LA SECONDE.

Suspensions et cassations.

852 (1). Les sous-officiers et brigadiers peuvent être suspendus de leurs fonctions pendant un temps déterminé qui n'excédera pas deux mois ; ils seront astreints pendant ce temps au service du grade inférieur.

Les adjudants peuvent être replacés dans l'emploi de maréchal des logis chef ou celui de maréchal des logis ; les maréchaux des logis chefs, dans l'emploi de maréchal des logis ; les maréchaux des logis, dans le grade de brigadier.

Enfin les maréchaux des logis chefs, les maréchaux des logis et les brigadiers peuvent être cassés et replacés dans les rangs des cavaliers.

Les suspensions sont prononcées par le commandant du régiment.

A moins de circonstances majeures et inopinées, le commandant du régiment n'inflige cette punition que sur la proposition du capitaine-commandant, l'avis du chef d'escadrons et celui du lieutenant-colonel.

Si les motifs concernent l'administration, le major donne aussi son avis.

Si la faute a été commise dans un poste ou pendant tout service commis à la surveillance des adjudants-majors ou des adjudants, la proposition de l'adjudant-major de semaine et l'avis du chef d'escadrons de semaine remplacent la proposition du commandant et l'avis du chef d'escadrons.

---

(1) *Les règles tracées par cet article sont applicables aux démissions et demandes de rétrogradations volontaires des sous-officiers et brigadiers.* (Décision ministérielle du 6 septembre 1843.)

Lorsqu'il y a lieu de faire descendre un sous-officier au grade ou à l'emploi inférieur, le capitaine-commandant dresse une plainte qui est remise au colonel, après avoir été revêtue de l'avis du chef d'escadrons, de celui du lieutenant-colonel, et, si les faits sont relatifs à l'administration, de celui du major. Cette plainte doit être accompagnée du relevé des punitions et de l'état des services du sous-officier. S'il s'agit d'un adjudant, le plus ancien adjudant-major dresse la plainte et le plus ancien chef d'escadrons donne son avis.

Si la plainte est motivée principalement sur une faute commise dans un poste ou pendant un service soumis à la surveillance des adjudants-majors et des adjudants, elle est accompagnée en outre du rapport de l'adjudant-major de semaine, visé par le chef d'escadrons de semaine.

Le colonel adresse le tout au maréchal de camp avec un rapport spécial.

Le maréchal de camp prend de nouvelles informations, entend, s'il y a lieu, le prévenu, et prononce.

La cassation portant atteinte à toute la carrière militaire, ne doit être employée qu'avec la plus grande circonspection (1), et pour les fautes très-graves ou l'incorrigibilité bien reconnue.

---

(1) *La cassation des sous-officiers et brigadiers prévenus de crimes ou délits ne doit pas avoir lieu préalablement à leur mise en jugement.* (Circulaire du 25 mars 1838, *Journal militaire*, p. 163.)

A l'avenir, lorsqu'un sous-officier ou brigadier aura été condamné correctionnellement à une peine plus grave que celle de trois mois de prison, il perdra son grade.

Lorsque la peine prononcée sera celle de trois mois de prison, ou au-dessous, le ministre décidera seul si le militaire doit perdre son grade ou le conserver.

Le général commandant la division rendra compte de toutes les circonstances de l'affaire, ainsi que des antécédents du militaire, afin de mettre le ministre à même de prononcer en parfaite connaissance de cause. (Décision ministérielle du 11 mai 1853, *Journal militaire*, p 246.)

Lorsqu'il y a lieu de casser un maréchal des logis chef, un maréchal des logis ou un brigadier, on suit la marche qui vient d'être tracée pour faire descendre un sous-officier au grade ou à l'emploi inférieur.

La cassation d'un brigadier est prononcée par le maréchal de camp.

La cassation d'un maréchal des logis ou d'un maréchal des logis chef est prononcée par le lieutenant-général; le maréchal de camp lui adresse à cet effet les pièces avec son avis et les renseignements qu'il a pris soin de recueillir.

Les pièces concernant les cassations ou le renvoi dans un grade ou emploi inférieur sont remises au colonel qui les fait déposer aux archives du corps, pour être présentées à l'inspecteur général, qui s'assure que toutes les formes ont été observées.

Lorsque des sous-officiers et brigadiers sont membres de la Légion d'honneur *ou décorés de la Médaille militaire* (décisions impériales des 2 mars 1853 et 29 février 1856), ils ne peuvent être cassés que d'après l'autorisation du ministre de la guerre, et sur la proposition du lieutenant-général; dans tous les cas, ils peuvent être suspendus de leurs fonctions.

Les cavaliers de première classe sont cassés par le colonel sur le rapport du capitaine-commandant, l'avis du chef d'escadrons et celui du lieutenant-colonel.

En ce qui concerne le peloton hors rang, l'officier d'habillement a les mêmes attributions que le capitaine commandant un escadron, et l'avis du major remplace celui du chef d'escadrons.

Lorsqu'un ou plusieurs escadrons sont détachés hors de la division où se trouve le régiment, le pouvoir de casser les cavaliers de première classe et de suspendre les sous-officiers et brigadiers appartient au commandant du détachement, qui en rend compte au colonel; lorsqu'il y a lieu de casser des sous-officiers ou brigadiers, le commandant du détachement envoie au colonel le rapport et les pièces à l'appui, et prend ses ordres. En temps de guerre, il envoie directement au maréchal de camp le rapport et les pièces; il rend compte au colonel. En même temps, lorsque le colonel est avec une partie du régiment hors de France, le commandant du dépôt et les commandants des portions du corps restées dans l'intérieur se conforment à cette dernière disposition.

Rétrogradations et révocations des musiciens.

852 *bis*. En cas d'inconduite habituelle, de fautes graves contre la discipline ou de négligences répétées dans l'accomplissement du service spécial, les sous-chefs de musique peuvent être replacés dans l'emploi de musicien de 1re classe; les musiciens de 1re classe dans la 2e, et les musiciens de 2e classe dans la 3e.

Les musiciens des trois classes peuvent, en outre, à raison des mêmes motifs, être révoqués, et ceux qui sont liés au service, être renvoyés dans un corps de la ligne, pour servir comme élèves musiciens jusqu'à l'époque de leur libération.

Ces peines sont infligées d'après une plainte dressée par le chef de musique, et transmise hiérarchiquement par le colonel au général commandant la garde simple (ou la division militaire quand il s'agit de musiciens des corps de la ligne).

Si la demande de rétrogradation ou de révocation est fondée, pour tout ou partie, sur des fautes contre la discipline, la plainte, avant de parvenir au colonel, doit être revêtue de l'avis de l'officier d'habillement, de l'adjudant-major et de l'officier supérieur de semaine et du lieutenant-colonel.

Le ministre prononce : 1° la rétrogradation des sous-chefs de musique, et 2° la révocation des musiciens des trois classes qui sont décorés de la Légion d'honneur et de la médaille militaire.

Le général commandant la garde impériale (ou la division militaire, quand il s'agit de musiciens des corps de la ligne) prononce la rétrogradation des musiciens de la 1re classe à la 2e, et de la 2e à la 3e, et la révocation des musiciens des trois classes qui ne sont pas décorés. (Règlement du 25 août 1854, et décision impériale du 5 mars 1855.)

Comment exécutées.

353. Les suspensions sont mises à l'ordre, ainsi que les cassations. L'ordre annonce aussi quand un sous-officier descend à un grade ou emploi inférieur.

Les sous-officiers et les brigadiers qui sont cassés passent dans un autre escadron.

Les sous-officiers suspendus reçoivent leur nourriture de l'ordinaire de leur peloton.

CHAPITRE XXXVIII.

RÉCLAMATIONS.

Disposition générale.

354. Les réclamations individuelles sont les seules autorisées.

Réclamations par suite de punitions.

355. Des punitions injustes ou trop sévères pouvant être infligées par suite de rapports inexacts, d'informations mal prises, ou par des motifs particuliers étrangers au service, les réclamations sont admises en se conformant aux règles suivantes :

Quel que soit l'objet de la réclamation, elle ne peut être portée qu'aux officiers et aux généraux sous les ordres immédiats desquels se trouve placé le militaire qui la fait.

Tout militaire recevant l'ordre d'une punition doit d'abord s'y soumettre : les sous-officiers, les brigadiers ou les cavaliers peuvent ensuite adresser leurs réclamations au capitaine-commandant ; les officiers peuvent soumettre les leurs à leur chef d'escadrons ou lieutenant-colonel.

Les réclamations relatives aux punitions infligées pendant le service sont de préférence adressées à l'adjudant, à l'adjudant-major ou au chef d'escadrons de semaine.

Un homme qui réclame étant dans l'ivresse ne peut être entendu.

Les officiers et les sous-officiers doivent écouter avec calme les réclamations, en vérifier avec soin l'exactitude, et y faire droit lorsqu'elles sont fondées ; mais ils peuvent augmenter les punitions contre lesquelles on a réclamé sans de justes motifs.

Réclamations relatives à des effets d'habillement ou autres.

356. Quand un sous-officier, un brigadier ou un cavalier croit avoir à se plaindre de la qualité d'un effet qui lui a été donné, soit à son compte, soit à celui du corps, il le présente sans retard au capitaine-commandant ; si sa réclamation n'est pas accueillie, il peut la soumettre au major, et même au conseil d'administration.

Manière de réclamer auprès du colonel et des généraux.

357. Dans un cas extraordinaire, les militaires de tout grade sont autorisés à s'adresser directement au colonel, soit par écrit, soit verbalement.

Ils peuvent également adresser des réclamations par écrit aux généraux, mais seulement après avoir réclamé hiérarchiquement auprès du colonel, à moins que la réclamation ne le concerne personnellement. Ils peuvent, de même, pour des objets concernant l'administration, réclamer, verbalement ou par écrit, auprès de l'intendant ou du sous-intendant (rédaction conforme à la décision royale du 8 juillet 1835).

Réclamations concernant l'avancement.

358. Les réclamations ayant pour objet l'avancement ou toute autre récompense doivent, à moins de cas extraordinaires, n'être faites qu'à l'époque de l'inspection générale. Toute réclamation individuelle qui parviendrait au Ministre de la guerre, autrement que par les voies hiérarchiques, entraînerait la punition de celui qui l'aurait adressée.

CHAPITRE XL.

CONSEILS DE DISCIPLINE POUR LES CAVALIERS.

Envoi aux compagnies de discipline.

377. Les cavaliers qui, sans avoir commis des délits

justiciablesdes conseils de guerre, persévèrent néanmoins à porter le trouble et le mauvais exemple dans le régiment, sont désignés au général de division, **pour être** incorporés dans une compagnie de discipline.

Lorsqu'un capitaine-commandant juge qu'un cavalier de son escadron a mérité d'être envoyé dans une compagnie de discipline, il en fait le rapport par écrit à son chef d'escadrons, en précisant les fautes ou les contraventions du cavalier, les punitions qui lui ont été infligées, et les récidives qui donnent à sa conduite un caractère de persévérance, dangereux pour l'ordre et la police du corps.

Le chef d'escadrons adresse ce rapport avec son avis au lieutenant-colonel, qui le transmet au colonel. Le colonel, ou, lorsqu'il est absent, le commandant du régiment, convoque un conseil de discipline, composé d'un chef d'escadrons des trois plus anciens capitaines et des trois plus anciens lieutenants du régiment, pris hors de l'escadron auquel appartient le militaire inculpé.

Lorsque deux ou plusieurs escadrons sont détachés ensemble, hors du département dans lequel le régiment est stationné, le conseil de discipline est convoqué, sur la demande de l'officier commandant ces escadrons, par le maréchal de camp commandant la brigade ou la subdivision militaire dont les escadrons font partie ; il est composé du plus ancien capitaine, des deux plus anciens lieutenants et des deux plus anciens sous-lieutenants pris, toutes les fois qu'il est possible, hors de l'escadron auquel appartient le militaire inculpé (1).

______

(1) *Lorsqu'un soldat a été reconnu susceptible d'être traduit devant un conseil de discipline, et que le corps ou le détachement, dont ce militaire fait partie, ne présentera pas, en officiers, les ressources suffisantes pour la formation du conseil, le général de brigade désignera, suivant le cas, pour composer ou pour compléter le conseil de discipline, des officiers des autres corps de la garnison, et, à défaut, des officiers appartenant à la garnison la plus voisine.* (Décision ministérielle du 28 mars 1849, *Journal militaire,* p 206.)

Le chef d'escadrons sous les ordres duquel se trouve l'escadron dont le cavalier fait partie, le capitaine-commandant, le plus ancien adjudant-major, sont consultés ; lorsqu'ils se sont retirés, le cavalier est entendu dans sa défense. Le conseil rédige ensuite son avis motivé, et le remet au colonel. Si cet avis est défavorable au cavalier, le colonel le transmet, avec son opinion particulière, au maréchal de camp ; il y joint le rapport du capitaine-commandant, l'avis du chef d'escadron, l'état signalétique et de services du cavalier inculpé et celui de ses punitions. Ces deux états sont en double expédition. Le maréchal de camp adresse ces pièces, avec son avis, au lieutenant-général, qui prononce et qui, s'il y a lieu, fait diriger le militaire sur une des compagnies de discipline que le Ministre lui a désignée à l'avance. Le cavalier attend dans la prison de la place la décision du lieutenant général.

Quand le lieutenant général juge que tous les moyens de répression n'ont pas été épuisés, il ne donne pas suite à la demande du conseil ; il peut infliger au cavalier que cette demande concerne une détention dans un fort ou dans une prison militaire ; cette détention ne doit pas excéder deux mois.

Dans tous les cas, il rend compte au Ministre.

CHAPITRE XLI.

ASSIETTE DU LOGEMENT. CASERNEMENT.

Logement des escadrons.

379. Soit que le régiment occupe une ou plusieurs casernes, soit qu'il loge chez l'habitant, le logement est assis selon l'ordre de bataille des escadrons, et, dans les escadrons, selon le rang des divisions, pelotons, sections et escouades.

Le maréchal des logis chef, le maréchal des logis fourrier et le brigadier fourrier, logent ensemble, autant que possible, dans une chambre particulière au centre de l'escadron.

Les maréchaux des logis logent ensemble.

Logement du petit état-major et du peloton hors rang.

380. Les adjudants ont chacun une chambre; à défaut de chambre particulière, ils logent ensemble; il en est de même des vétérinaires.

Le vaguemestre loge toujours seul.

Le trompette maréchal des logis et le trompette brigadier logent ensemble.

Lorsque le régiment occupe deux quartiers, on loge dans chacun d'eux, si cela est jugé nécessaire, un adjudant, un vétérinaire, et le trompette maréchal des logis ou le trompette brigadier.

Les maîtres ouvriers logent dans leurs ateliers.

Le peloton hors rang en est logé le plus près possible.

Un emplacement spécial est destiné aux tables des sous-officiers.

État, par escadron, des objets de casernement.

382. Le porte-étendard fait dresser par les fourriers l'état de tout ce que contiennent les chambres de leur escadron. Ces états sont vérifiés et arrêtés par les capitaines-commandants.

Remise du casernement, au départ.

388. Lorsque le régiment doit quitter la garnison, le porte-étendard fait, la veille du départ, dès le matin, rendre par les fourriers les fournitures de lit. Les capitaines en second, ou à leur défaut les officiers de semaine, assistent à cette remise.

Les chambres, les corridors, les escaliers et les cours des quartiers, sont mis dans le plus grand état de propreté, faute de quoi les frais de balayage qui en résultent sont au compte des escadrons.

Le lendemain, dès que le régiment est assemblé, le porte-étendard procède, avec le préposé du génie et en présence des fourriers, à l'estimation des dégradations, provenant du fait de la troupe, qui n'ont pas été réparées. S'il y a des contestations, elles sont soumises par le major au sous-intendant militaire.

Ce jour-là, le colonel fait porter l'étendard par le plus ancien maréchal des logis chef.

CHAPITRE XLII.

TABLES.

Table des sous-officiers.

390. Les adjudants vivent ensemble; il en est de même des maréchaux des logis chefs. En détachement, un adjudant peut vivre avec les maréchaux des logis chefs.

Les maréchaux des logis et les fourriers du même escadron, ou de plusieurs escadrons réunis, vivent également ensemble (1).

Le prix des pensions dessous-officiers est proportionné à leur solde, et réglé par le lieutenant-colonel.

En détachement, quand les sous-officiers ne peuvent vivre séparément, ils tirent leur subsistance de l'ordinaire des cavaliers, en y versant cinq centimes de plus que les soldats; la soupe leur est mise à part.

Les adjudants surveillent et dirigent, sous les adjudants majors, tout ce qui regarde les tables des sous-officiers; ils exigent que les dépenses en soient régulièrement payées. A cet effet, il est placé dans les pensions un cahier servant à recevoir, chaque jour de prêt, les quittances de ceux qui tiennent ces pensions; le plus ancien adjudant-major vise ce cahier tous les quinze jours au moins.

Repas de corps.

391. Les repas de corps sont généralement interdits; cependant, dans quelques circonstances rares, le colonel, avec l'approbation du général de brigade comman-

---

(1) *Le sous-chef de musique prend ses repas avec les adjudants sous-officiers. Les musiciens des 1re, 2e et 3e classes, prennent leurs repas à une pension analogue à celle des sous-officiers, mais séparément.* (Règlement du 25 août 1854 et décision impériale du 5 mars 1855.)

dant, peut les autoriser ; et, dans ce cas, ils ont lieu par grade.

CHAPITRE XLIII.

DETTES.

Dettes des sous-officiers, brigadiers et cavaliers.

Vigilance des officiers.

395. Les officiers, et surtout les capitaines-commandants, doivent employer une grande vigilance à empêcher les sous-officiers, les brigadiers et les cavaliers, de faire des dettes ; ils punissent avec sévérité ceux qui en contractent.

La suspension et même la cassation sont encourues par les sous-officiers et les brigadiers en cas de récidive.

Les créanciers sont sans recours sur la solde.

396. Il est interdit aux sous-officiers, aux brigadiers et aux cavaliers, de contracter, sous quelque prétexte que ce soit, aucun emprunt, dette ou engagement, et les créanciers sont sans recours légal sur leur solde. Lorsque le capitaine-commandant a autorisé la dette, il en est responsable ; dans ce cas, il peut ordonner des retenues sur la solde des sous-officiers ; il les fait alors vivre à l'ordinaire du soldat.

TITRE III.

ROUTES DANS L'INTÉRIEUR.

CHAPITRE XLIV.

ROUTES.

Livres et comptabilité des escadrons ; contrôles et états pour la route.

400. Les maréchaux des logis chefs réunissent, dans

une caisse ou dans un ballot, les registres et les papiers de leur comptabilité, de même que les livres de théories des sous-officiers, brigadiers et cavaliers ; le tout ficelé et étiqueté par escadron. Cette caisse est mise sur une des voitures à la suite du régiment.

Les effets qui ne doivent point entrer dans le portemanteau et qu'on permet de conserver. ainsi que ceux qui appartiennent à l'escadron en général, sont réunis dans un ballot étiqueté au numéro de l'escadron et déposé au magasin d'habillement.

Chaque maréchal des logis chef ne conserve qu'un cahier contenant le contrôle de l'escadron, par pelotons, sections, escouades et camarades de lits, et le contrôle d'ancienneté. Il inscrit sur ce cahier les mutations, les punitions, le prêt, les distributions et les effets délivrés aux hommes pendant la route ; il fait préparer les états qui peuvent être demandés pendant la route, tels que feuilles d'appel, feuilles de prêts, états pour le logement, etc.

LOGEMENT.

Composition et départ du logement.

403. Le logement, composé de l'adjudant de semaine et des fourriers, ayant avec eux chacun un cavalier, part deux heures avant le régiment.

Devoirs de l'adjudant.

405. L'adjudant, après s'être assuré que le logement est fait conformément aux principes établis, en forme un état sommaire indiquant les rues occupées par les différents escadrons, et le remet au major ; il distribue ensuite aux fourriers les billets de logement pour leur escadron.

Il reconnaît le corps de garde de police, l'écurie destinée aux chevaux des hommes de garde, les abreuvoirs et les endroits les plus convenables pour les divers rassemblements. Il visite le logement du colonel et celui du lieutenant-colonel.

Il va au devant du régiment, le conduit sur la place.

6

BIBLIOTHÈQUE IMPÉRIALE CAV. IMPR.

et remet aux officiers d'état-major leurs billets de logement.

Il établit la garde de police et remet au commandant de cette garde une note indiquant les logements des officiers de l'état-major, des chirurgiens, des adjudants, des vétérinaires. du vaguemestre et du maréchal des logis trompette.

Devoirs des fourriers.

406. Aussitôt que les fourriers ont reçu les billets de logement, ils reconnaissent les logements destinés à leurs capitaines ; ils vérifient si les écuries peuvent contenir le nombre de chevaux de troupe marqués sur les billets ; ils en désignent une pour les chevaux éclopés ; ils logent les cavaliers le plus près possible de leurs chevaux. Les fourriers du premier et du quatrième escadron reconnaissent les logements de leurs chefs d'escadrons.

Les fourriers logent un trompette dans la même maison que le maréchal des logis chef, ou près de lui.

Ils inscrivent au dos des billets le nom des hommes auxquels ils sont destinés.

Ils dressent un état général et sommaire du logement, portant l'indication des rues et des maisons, ainsi que celle du logement du capitaine-commandant et du maréchal des logis chef. Ce sous-officier le communique au capitaine-commandant, ainsi qu'aux officiers qui veulent le consulter.

Ils se rendent ensuite sur la place pour attendre leur escadron.

Il est défendu aux fourriers, sous peine de suspension ou de cassation, de faire avec les habitants aucun trafic des billets.

Hommes à pied ; chevaux de remonte ; infirmerie.

407. Les hommes à pied sont formés en détachement pour la route ; ils sont commandés par un officier, et de préférence par un capitaine en second désigné spécialement par le colonel.

Un brigadier fourrier est désigné pour remplir les

fonctions de fourrier près du détachement des hommes à pied.

Le fourrier d'état-major, indépendamment de ses obligations envers le peloton hors rang, remplit les fonctions de fourrier près du détachement des chevaux de remonte.

L'un des vétérinaires marche avec l'infirmerie.

Les hommes à pied, ainsi que les chevaux de remonte et ceux de l'infirmerie, partent à l'heure fixée par le colonel, et toujours avant le régiment; en arrivant au gîte, ils se rendent sur la place. Les billets de logement leur sont immédiatement délivrés. Si, avant d'entrer dans la ville, ils sont rejoints par le régiment, ils marchent à sa suite.

Les cavaliers attachés aux chevaux de l'infirmerie, et, autant que possible, ceux qui pansent les chevaux de remonte, sont exempts de service; ils doivent être logés avec leurs chevaux.

Les hommes à pied, les chevaux de remonte et ceux de l'infirmerie restent toujours avec l'état-major au lieu d'étape. Les détachements sont divisés en escouades; les hommes font ordinaire entre eux.

DÉPART ET MARCHE.

Rassemblement.

408. Deux heures et demie ou trois heures avant le départ, on sonne le réveil : à ce signal, on donne à manger aux chevaux.

Une demi-heure après, on sonne le boute-selle : à ce signal, on fait le pansage et on selle ensuite les chevaux.

Une heure et demie après le boute-selle, on sonne le boute-charge : à ce signal, on charge, et, s'il fait mauvais temps, on trousse la queue des chevaux.

Une demi-heure avant le départ, on sonne à cheval à ce dernier signal, on bride.

Le maréchal des logis chef réunit l'escadron et fait l'appel; il envoie à la recherche des hommes qui manquent; si on ne les trouve pas, il remet leur nom au commandant de l'arrière-garde ; si l'on soupçonne qu'un homme a déserté, il en est donné avis sur-le-champ au commandant de la gendarmerie, et le signalement est envoyé aussitôt que possible.

Les chefs d'escadrons, après avoir reçu les rapports des capitaines-commandants, font le leur au lieutenant-colonel ; semblables rapports sont rendus par les maréchaux des logis chef à l'adjudant de semaine, qui les transmet à l'adjudant-major de semaine, lequel les rend au lieutenant-colonel.

En cas de réunion ou de départ imprévu, soit de jour, soit de nuit, on sonne *à cheval* ; à ce signal, les escadrons se réunissent avec armes et bagages, et se rendent de suite au rassemblement général.

Chevaux de main.

410. Les chevaux de main des officiers et des escadrons sont conduits au rendez-vous général par les maréchaux des logis de semaine ; l'adjudant est chargé de les réunir et de les remettre à l'officier désigné pour les conduire ; ils marchent dans le même ordre que les escadrons.

Départ.

411. Le régiment se met en marche, le sabre à la main ; les trompettes sonnent la marche et des fanfares. Lorsque le régiment est hors du lieu où il a couché, le colonel fait remettre le sabre et commander : *repos.*

Chaque rang marche séparément sur les côtés de la route.

Tête de colonne et avant-garde.

412. Les escadrons tiennent alternativement la tête de la colonne.

L'escadron qui tient la tête de la colonne fournit un brigadier et quatre cavaliers pour l'avant-garde. Deux des cavaliers marchent les premiers à vingt-cinq pas en avant du brigadier, qui, suivi des deux autres, marche à cent pas en avant des trompettes.

Place de service des trompettes.

413. Les trompettes marchent réunis à la tête du régiment. Ils sonnent toutes les fois que le régiment passe dans une ville ou dans un village.

Le trompette de garde suit le colonel.

Dans les marches de nuit, un trompette est placé à la queue de chaque escadron pour sonner des appels quand l'obscurité ou la difficulté du chemin arrête la marche. Ces appels se répètent jusqu'à la tête du régiment. Dans les mauvais pas, la route est jalonnée par des sous-officiers ou brigadiers qui sont relevés successivement.

Rapports.

417. A la première halte, l'adjudant fait sonner à l'ordre pour le rapport général ; chaque maréchal des logis chef lui remet le rapport particulier de son escadron : quand l'adjudant-major et le chef d'escadrons de semaine ont pris connaissance de ces rapports, le lieutenant-colonel les reçoit et les remet au colonel, qui prononce immédiatement sur leur contenu. A l'arrivée au gîte, l'adjudant établit la feuille du rapport général et la remet au colonel. Il remet au major les rapports particuliers des escadrons ; les pièces justificatives des mutations restent entre les mains des maréchaux des logis chefs, pour être remises au major à chaque séjour.

Chevaux des hommes qui s'arrêtent.

418. Quand un brigadier ou un cavalier a besoin de s'arrêter entre deux haltes, il en demande la permission à l'officier de son peloton ou au maréchal des logis, et il laisse son cheval au cavalier qui marche à côté de lui.

Rencontre d'un autre régiment.

419. Quand deux troupes se rencontrent, elles appuient réciproquement à droite, toutes deux continuent à marcher, si le terrain le permet ; dans le cas contraire, si l'une est d'infanterie et l'autre de cavalerie, celle-ci s'arrête pour laisser passer l'infanterie ; si elles sont de même arme, la première dans l'ordre de bataille continue sa route.

ARRIVÉE AU GITE.

Ordre donné.

420. A l'arrivée au gite, lorsque le **régiment** est formé en bataille, on sonne à l'ordre ; le cercle se compose du colonel, du lieutenant-colonel, des chefs d'escadrons, du major, du capitaine et de l'adjudant-major de semaine, du chirurgien-major, de l'adjudant, des maréchaux des logis chefs, du trompette maréchal des logis et du vétérinaire en premier.

Les capitaines-commandants se rendent au cercle, lorsque le colonel l'ordonne ; dans ce cas, les maréchaux des logis chefs se placent derrière leur capitaine-commandant.

L'ordre indique les distributions, l'heure des repas des chevaux, le pansage et le pansement, la tenue, l'inspection, et la visite de corps, s'il y a séjour, le lieu de rassemblement et l'heure du départ.

L'adjudant fait connaître le logement du colonel.

Escadron conduit au logement.

421. Le fourrier conduit l'escadron au centre du quartier qu'il doit occuper : le capitaine-commandant le met en bataille. L'ordre étant donné, le service commandé et les billets de logement distribués, le capitaine fait mettre pied à terre : chaque cavalier conduit son cheval à l'écurie. Les pelotons dont les écuries sont trop éloignées s'y rendent à cheval.

Le fourrier remet au corps de garde les billets des hommes qui ne sont pas arrivés, l'adresse du capitaine-commandant et celle du maréchal des logis chef.

Premiers soins aux écuries.

422. Dès que les chevaux sont dans les écuries, les cavaliers les débrident et les attachent assez court pour qu'ils ne puissent pas se rouler : ils les déchargent, débouclent le poitrail, lâchent un peu les sangles, relèvent les étriers, dégagent la croupière et roulent les courroies de charge. Les armes, brides, schabraques, porte-manteaux et manteaux sont portés au logement.

Quand il y a plus de douze chevaux réunis, on met un garde d'écurie.

Moment où les officiers et cavaliers se rendent au logement.

423. Quand les chevaux sont placés et déchargés, les officiers de peloton et les cavaliers vont à leur logement; les cavaliers prennent aussitôt la tenue d'écurie.

Devoirs des trompettes.

424. Toutes les sonneries sont répétées par les trompettes de chaque escadron, sous la responsabilité du maréchal des logis chef.

Le trompette de garde est sous les ordres du maréchal des logis de garde et de l'adjudant de semaine, qui le dirigent pour les sonneries.

Escadrons détachés.

425. Lorsque des escadrons sont détachés du gîte principal, le commandant de chaque cantonnement établit une garde de police ou un poste de surveillance ; il prend à son départ un certificat de bien-vivre.

Distributions.

426. A la sonnerie pour les distributions, les maréchaux des logis et les brigadiers de semaine, ainsi que les fourriers, rassemblent leurs escadrons à l'endroit où ils ont mis pied à terre, et les conduisent en ordre au rendez-vous indiqué.

Soins au retour du fourrage.

427. De retour aux écuries, les cavaliers donnent à manger aux chevaux, sous la surveillance des maréchaux des logis et des brigadiers. Les chevaux sont bouchonnés et attachés à la mangeoire. Si le temps le permet, les selles et couvertes sont exposées au soleil ou à l'air ; les sous-officiers empêchent qu'elles ne soient placées dans des endroits humides et que les panneaux soient contre terre.

Pansage; surveillance de la part des officiers et des sous-officiers.

428. Le pansage dure au moins une heure; on doit faire plus souvent usage du bouchon que de l'étrille, particulièrement sur le dos du cheval, que la selle et la charge rendent en route plus sensible.

Ordinaires et logements.

430. Les ordinaires se font dans les logements des brigadiers ; ceux-ci sont responsables du bon ordre, de la tranquillité, du respect pour les propriétés, et de la déférence que les militaires doivent aux habitants. Les hôtes ne sont tenus de fournir, pour les ordinaires, que la place au feu et à la chandelle, et les ustensiles nécessaires pour faire et manger la soupe.

Lorsque la soupe ne peut se faire par ordinaire, elle se fait dans chaque logement.

Il est dû, par deux brigadiers ou cavaliers et par deux maréchaux des logis, un lit garni d'une paillasse, d'un matelas ou lit de plume, d'une couverture de laine, d'un traversin et d'une paire de draps propres. Chaque adjudant, maréchal des logis, trompette maréchal des logis, a droit à un lit.

Jamais les hôtes ne peuvent être déplacés du lit ni de la chambre qu'ils occupent habituellement.

Il est dû, dans tous les logements, place au feu et à la chandelle.

Les cavaliers doivent ne rien exiger de leurs hôtes, quand même ceux-ci refusent de leur donner ce qui leur est dû ; ils avertissent leur officier et leur maréchal des logis de peloton, qui s'adresse à la mairie pour leur faire rendre justice.

Visite dans les logements.

432. Avant le pansage, les sous-officiers visitent chacun une partie des logements de leur peloton, et particulièrement ceux où se font les ordinaires; ils entendent les réclamations des cavaliers, et font droit aux plaintes des hôtes quand elles sont justes. Les officiers reçoivent les rapports des sous-officiers, et rendent compte de ces visites au capitaine-commandant, le lendemain matin.

Malades et écloppés.

433. A l'arrivée des équipages, les malades et les écloppés sont visités et pansés au corps de garde de police : le chirurgien-major désigne ceux qui doivent être admis sur les voitures le lendemain ; l'autorisation d'y monter leur est donnée par écrit.

Les brigadiers font connaître le logement des cavaliers de leur escouade qui ne peuvent venir au corps de garde; un des chirurgiens va les visiter.

Chevaux conduits au pansement.

434. A l'heure indiquée, le pansement des chevaux malades ou blessés se fait devant le corps de garde de police; ces chevaux y sont conduits par les cavaliers, sous la surveillance du maréchal des logis de semaine de chaque escadron, qui informe le capitaine-commandant des décisions du vétérinaire.

Appel du soir.

437. Quand le colonel a ordonné un appel du soir, les officiers, les sous-officiers, les brigadiers et les cavaliers de chaque escadron se réunissent, soit à l'endroit où l'escadron a rompu, soit au lieu du rassemblement général.

Si l'appel se fait dans le quartier de chaque escadron, le maréchal des logis chef se rend immédiatement après au corps de garde; il fait connaître par écrit le résultat de l'appel à l'adjudant de semaine, qui le porte au colonel.

Retraite.

438. Une demi-heure après la retraite, les brigadiers et les cavaliers doivent être rentrés dans leurs logements.

Patrouilles après la retraite.

439. Dans les villes où il n'y a pas d'état-major de place, le commandant de la garde de police fait faire, après la retraite, des patrouilles pour faire rentrer à leur logement les brigadiers et les cavaliers qui sont encore dans les rues, et conduire au corps de garde ceux qui sont pris de vin ou qui font du bruit. Le lendemain, au réveil, il les renvoie à leur escadron, à moins qn'ils n'aient mérité une punition grave.

L'adjudant de semaine passe au corps de garde avant le départ, pour savoir ce qui est survenu pendant la nuit.

Séjours.

440. Dès l'arrivée au gîte où le régiment doit avoir séjour, les officiers et les sous-officiers veillent à ce que l'habillement, l'équipement, le harnachement et l'armement soient réparés, et à ce que la ferrure soit mise dans le meilleur état.

Il est passé une revue générale des chevaux par le colonel ou le lieutenant-colonel.

L'inspection des hommes se passe le soir du séjour : elle a lieu à pied et habituellement en tenue de route.

PUNITIONS.

Place des sous-officiers, des brigadiers et des cavaliers punis.

442. Les sous-officiers, les brigadiers et les cavaliers punis de la salle de police ou de la prison, marchent avec leur escadron ; ils reprennent leur punition à l'arrivée au gîte. Les brigadiers et les cavaliers mis au cachot sont confiés à la garde des hommes à pied.

Les sous-officiers suspendus de leurs fonctions ou punis de la prison pour des fautes très-graves, peuvent être démontés pendant le temps de ces punitions, et remis à la garde des hommes à pied.

Les cavaliers au cachot sont démontés pour toute la route.

Les cavaliers qui maltraitent leurs chevaux ou qui n'en ont aucun soin sont également démontés pour toute la route.

Les brigadiers et les cavaliers peuvent être condamnés à marcher à pied, soit pendant plusieurs jours, soit seulement pendant une partie de la journée. Cette punition qui, dans certains cas, peut porter préjudice aux chevaux, n'est infligée que par les capitaines-commandants ou les officiers supérieurs.

Les brigadiers et les cavaliers condamnés à aller à pied pour une ou plusieurs journées, marchent à l'avant-garde du détachement des hommes à pied.

Des condamnés pour moins d'un jour marchent avec l'avant-garde du régiment.

Les hommes qui, pendant la marche, encourent une punition grave, sont conduits et consignés à l'arrière-garde par le maréchal des logis de semaine.

Ceux qui sont prévenus de délits du ressort des tribunaux sont remis à la gendarmerie; en attendant, ils peuvent être attachés, si cette mesure est jugée nécessaire.

ÉQUIPAGES.

Ils sont sous les ordres du vaguemestre; par qui gardés.

443. Les équipages sont sous les ordres du vaguemestre.

Le peloton hors rang fournit leur garde pendant la marche. Il les charge et les décharge chaque jour.

Les domestiques des officiers et les cantiniers qui marchent avec les équipages doivent obéir au vaguemestre.

Chargement des voitures.

444. Une des voitures porte la caisse du conseil, celle du trésorier, la caisse de comptabilité des escadrons mentionnée à l'article 400, et la partie des archives indispensable au trésorier; cette voiture marche toujours la première.

Les autres voitures sont réservées :

Aux sous-officiers, brigadiers et cavaliers malades ;

A la caisse de chirurgie et à celle du vétérinaire ;

Aux porte-manteaux des officiers : le poids de chaque porte-manteau ne doit pas excéder douze kilogrammes ;

Aux effets de harnachement des chevaux blessés.

Les armes ne sont placées sur les voitures que lorsqu'il y a impossibilité de les faire porter par les cavaliers ; elles sont enfermées dans une caisse d'armes destinée à cet usage.

Les bagages ne sont reçus que sur une note signée du capitaine-commandant ; ils doivent être étiquetés, solidement fermés et enregistrés. Le nom des officiers est écrit sur leurs porte-manteaux.

Malades ; hommes mariés ; enfants de troupe.

445. Aucun sous-officier, brigadier ou cavalier, n'est admis sur les voitures sans un certificat du chirurgien-major. Si le nombre des malades l'exige, un chirurgien marche avec les équipages.

Les enfants de troupe peuvent être autorisés à marcher avec les équipages. Ils montent sur les voitures lorsqu'ils ne sont pas en âge de faire la route à pied.

Les hommes mariés qui ne sont pas montés peuvent également être autorisés à marcher avec les équipages ; ils aident alors au chargement et au déchargement des bagages.

Départ, marche et arrivée.

446. Les équipages partent assez matin pour arriver en même temps que le régiment ; ils sont chargés dès la veille. Pendant la route, le vaguemestre y maintient le plus grand ordre : il ne permet à aucun homme de leur garde de s'en éloigner ; à l'arrivée au gîte, les billets de logement ne sont remis aux hommes de garde que lorsque les voitures sont déchargées et les équipages consignés à la garde de police.

CHAPITRE XLV.

DÉTACHEMENTS.

Autorité d'un chef de détachement ; par qui remplacé.

448. Tout commandant de détachement est responsable du bon ordre dans les marches, les garnisons ou les cantonnements. Il est revêtu, quel que soit son

grade, de toute l'autorité d'un chef de corps pour le service, la police, la discipline et l'instruction ; il se conforme à cet égard aux règles établies au régiment.

Il observe scrupuleusement les instructions particulières qui lui ont été données ; si les circonstances l'obligent à s'en écarter, il en rend compte sur-le-champ au colonel.

Si, pendant la durée d'un détachement, le commandement en devient vacant, ce commandement appartient à l'officier le plus élevé en grade, et, à grade égal, au plus ancien.

Ordre et pièces de comptabilité.

449. Le commandant d'un détachement doit être muni d'un ordre de départ, d'une instruction par écrit sur l'objet et le service de son détachement, et d'une feuille de route.

Il reçoit du major une instruction détaillée sur la comptabilité qu'il doit tenir, et les états et les pièces prescrits par les règlements d'administration.

Comptes à rendre ; mutations.

450. Il adresse au colonel, aux époques qui lui sont prescrites, un rapport détaillé sur le service et la discipline du détachement.

Il y joint, pour le major, l'état des mutations, visé par le sous-intendant militaire.

Ces rapports ne le dispensent pas de rendre compte immédiatement au colonel de tout événement important ou imprévu.

Retour au régiment.

451. Lorsque le détachement rejoint le régiment, il est, à son arrivée, et selon le grade de celui qui le commande, inspecté par le colonel, le lieutenant-colonel, le chef d'escadron ou l'adjudant-major de semaine.

Le commandant du détachement remet au lieutenant-colonel les certificats de bien-vivre qui lui ont été délivrés pendant la route. Il se présente chez les officiers supérieurs et chez son capitaine-commandant.

Il règle sans délai, avec le trésorier et l'officier d'habillement, les comptes de son détachement.

CHAPITRE XLVI.

ESCORTES.

Escortes d'honneur.

452. Le commandant d'une escorte doit présenter et maintenir la troupe dans le meilleur ordre et la meilleure tenue.

Si c'est une escorte d'honneur, il va, en arrivant, prendre les ordres de la personne qu'il doit accompagner. Son service fini, il ne se retire qu'après avoir de nouveau pris les ordres de cette personne.

Escorte d'un convoi.

453. Quand une escorte est chargée de la garde et de la conservation d'un convoi, le commandant se fait précéder par une avant-garde pour connaître à temps les obstacles, faire débarrasser la route, et reconnaître les terrains propres aux haltes. Il a une arrière-garde, et, au besoin, des flanqueurs.

En plaine, le gros de la troupe marche habituellement sur les côtés de la route, à hauteur du centre du convoi ; dans les défilés, il marche, soit à la tête, soit à la queue.

La tête du convoi doit marcher d'un pas uniforme et plutôt lent qu'accéléré.

Si le convoi est considérable, il est partagé en plusieurs divisions.

Les voitures marchent sur deux files, toutes les fois que la largeur de la route le permet.

Si une voiture se casse, elle est tirée hors de route ; quand elle est réparée, elle prend la queue du convoi ; si elle ne peut être réparée promptement, il est laissé pour sa garde un nombre d'hommes suffisant.

Le commandant fait faire des haltes d'heure en heure pendant quelques instants, pour faire reprendre haleine aux chevaux et donner aux dernières voitures le temps de serrer à leur distance.

Il n'est fait de grandes haltes que très-rarement, et dans des lieux reconnus à l'avance.

Escorte des prisonniers.

454. Le commandant d'une escorte de prisonniers fait charger les armes en leur présence, avant de se mettre en route.

Il divise sa troupe en deux parties principales : l'une marche de front à la tête, l'autre ferme la marche de la même manière. Le reste est réparti sur les flancs de distance en distance, tant pour éclairer la route que pour ressaisir au besoin les fuyards.

Le détachement marche d'un pas modéré : les haltes sont fréquentes, mais courtes ; elles ont toujours lieu dans des endroits découverts.

Pendant les haltes, l'officier qui commande l'escorte redouble de surveillance ; jamais il ne perd de vue, envers les prisonniers, les égards dus au malheur, mais il se refuse à toute condescendance contraire à son devoir.

Si, à l'arrivée au gîte, les prisonniers doivent passer la nuit dans la prison du lieu, il s'en fait donner un reçu ; s'ils doivent rester sous sa garde, il prend les précautions et donne toutes les consignes nécessaires pour prévenir les évasions. Il veille, dans tous les cas, à ce qu'ils reçoivent ce qui leur est alloué par les règlements ; il en est responsable. Il empêche qu'ils ne soient rançonnés sur le prix des objets qu'ils peuvent avoir à faire acheter.

Arrivé à sa destination, il prend de qui de droit un reçu des prisonniers.

Dispositions du chapitre des détachements communes aux escortes.

455. Les escortes se conforment, en tout ce qui leur est applicable, aux dispositions prescrites pour les détachements.

FIN.

RÈGLEMENT

SUR LE

SERVICE DU BLANCHISSAGE A LA VAPEUR

DU LINGE DE LA TROUPE.

Le **Maréchal de France**, Ministre Secrétaire d'État de la guerre;

Vu le décret du 10 décembre 1853, relatif au blanchissage à la vapeur du linge de la troupe;

ARRÊTE :

Objet du service.

ART. 1er. Le blanchissage du linge des sous-officiers, brigadiers, caporaux, soldats et enfants de troupe âgés de moins de 14 ans, des objets de cuisine et d'infirmerie, a lieu à la vapeur, par les soins des corps et par économie, au moyen d'un abonnement dout le montant est prélevé sur la masse individuelle.

Les objets à blanchir comprennent tout le linge des troupes conformément aux tableaux détaillés, annexés au présent sous les n°° 1 et 2.

Locaux.

2. Des buanderies militaires, avec leurs dépendances, sont organisées par les soins du génie, soit dans les hôpitaux militaires, soit dans les casernes, soit dans les établissements des lits militaires.

Ces dépendances se composent de lavoirs, de séchoirs à air libre et, suivant le cas, de séchoirs d'hiver à air chaud, etc., etc.

Ces buanderies sont placées sous la surveillance des autorités militaires, de la même manière que tout ce qui est relatif au casernement. L'affectation, la remise et la reprise des locaux ont lieu d'après les prescriptions du règlement du 17 août 1824.

Appareil de lessivage ou autre matériel des buanderies.

3. Le service du génie est chargé, dans les casernements, de l'organisation des buanderies, laquelle comprend l'arrangement des locaux, l'installation complète des appareils de lessivage et celle des lavoirs, la fourniture des chaudières, tuyaux, cuviers, cuveaux, et, s'il y a lieu, des moyens fixes d'étendage : tous les autres menus ustensiles concernant le service des buanderies demeureront à la charge des corps.

Pour les buanderies des hôpitaux, les travaux et fournitures seront exécutés conformément aux prescriptions du règlement du 1er avril 1831, concernant ces établissements.

Lorsque les buanderies des hôpitaux seront mises à la disposition des corps de troupe, l'usage en sera réglé par le Ministre sur le vu des procès-verbaux de convenance, dressés dans la localité par les fonctionnaires chefs des divers services intéressés.

Entretien et renouvellement du matériel.

4. L'entretien et le renouvellement du matériel ont lieu par les soins du service du génie ou des officiers comptables, suivant le cas ; mais la dépense en est mise à la charge du fonds de la masse de blanchissage des corps, lorsque les pertes ou dégradations proviennent du fait de la troupe.

Objets de consommation. — Mode d'achat.

5. Les objets de consommation se composent :
    De combustible,
    De substances alcalines,
    De savon,
    De cordages, etc.

Il y est pourvu annuellement, par adjudication publique et par place ou par marché de gré à gré, dans la première quinzaine du mois de septembre de chaque année. La dépense en est supportée par les fonds de la masse de blanchissage ; les menus objets destinés à la manipulation, tels que les aéromètres, thermomètres, épingles de blanchisseurs, etc., etc., etc., sont payés sur le même fonds.

En cas de changement de garnison, les objets de consommation restants sont remis par les corps partant au corps arrivant, aux prix des marchés en cours d'exécution.

Choix du personnel. — Devoirs. — Responsabilité.

6. Les chefs de corps choisissent le personnel des buanderies parmi les soldats ayant été blanchisseurs. Ce personnel, placé sous la surveillance de l'officier de casernement, se compose :

D'un sous-officier, chef de service,

D'un buandier permanent,

D'aides buandiers, à raison d'un par 60 à 70 kilogrammes de linge environ à blanchir, ou un homme par compagnie, et deux hommes par escadron.

Ces militaires sont tenus d'obéir à tous les ordres qu'ils reçoivent pour ce service spécial.

Le chef de service est responsable de tous les objets et de toutes les matières qui lui sont confiés. Il est exempt de tout autre service. Il a sous ses ordres les soldats employés à la buanderie. Il surveille tous les détails du blanchissage, interdit l'usage des battoirs, brosses, etc., etc., et fait exécuter tout ce qui est prescrit par la consigne spéciale de la buanderie.

Le buandier permanent est chargé de la préparation et du dosage de la solution alcaline, de l'encuvage et du coulage ; il dirige les aides buandiers dans les autres opérations du blanchissage et y participe au besoin.

Ils sont pourvus d'effets de corvée au compte de la masse de blanchissage.

Primes de travail. — Gratifications annuelles.

7. Le personnel des buandiers et des aides buandiers reçoit une prime décomptée à raison de 1 fr. 50 c. par

100 kilogrammes de linge; celle proportionnelle du buandier permanent ne peut être inférieure à 0 fr. 04 c. par heure de travail.

A l'instar de ce qui a lieu dans les corps pour les sous-officiers gardes-magasins, des gratifications annuelles prélevées sur la masse de blanchissage, pourront être accordées sur la présentation du chef de corps et l'avis de l'intendant, approuvé par l'inspecteur général, au sous-officier chef de service et au personnel de la buanderie militaire.

Leur maximum sera de 150 francs par régiment de troupes à pied, à 3 bataillons, et de 100 francs par régiment de troupes à cheval, à 6 escadrons.

Carnet de blanchissage.

8. Il est ouvert dans tous les corps un carnet de blanchissage (Modèle n° 5), coté et parafé par le major, certifié par le sous-officier chef du service, vérifié par le trésorier et le major, et arrêté trimestriellement par le conseil d'administration.

Il est destiné à recevoir les inscriptions ci-après :

1° Enregistrement, par dates, du linge à blanchir, sa nature, sa quantité, son poids ;

2° État nominatif des buandiers ; indication du nombre d'heures de travail de chacun ;

3° Enregistrement des recettes et l'emploi des objets de consommation, balancés par trimestre.

Ce carnet est joint aux comptes trimestriels des corps et soumis à la vérification de l'intendance militaire.

Exécution du service.

9. Le blanchissage du linge a lieu périodiquement et à jour fixe ; une consigne spéciale indique les procédés et les règles à suivre.

Le linge est livré aux buanderies par les compagnies, sur états n°ˢ 3 et 4, annexés au présent.

La vérification en est faite par le sous-officier chef du service, qui en donne récépissé et l'inscrit au carnet.

Les mêmes règles sont suivies après le blanchissage pour la remise aux compagnies.

Le rechange du linge a lieu conformément aux règlements sur le service intérieur.

L'accès des buanderies est interdit à toute personne étrangère à ce service.

Visite des buanderies.

10. Les buanderies sont visitées par le capitaine de semaine, qui en fait son rapport à qui de droit.

Les officiers généraux, les fonctionnaires de l'intendance, les chefs de corps, les officiers supérieurs de semaine, l'officier du génie chargé du casernement, ou, en son absence, le garde du génie délégué par lui, visitent et inspectent les buanderies et s'assurent de la bonne exécution du service.

Création d'une masse spéciale dite *de blanchissage*.

11. Il est créé dans tous les corps une masse spéciale de blanchissage ; elle reçoit de la masse individuelle, au moyen d'un virement, le montant de l'abonnement trimestriel.

Fixation de l'abonnement.

Cet abonnement est fixé ainsi qu'il suit :

DÉSIGNATION des ARMES.	FIXATION par HOMME.		
	Par an.	Par tri-mes-tre.	
	f. c.	f. c.	
Troupes à pied. .	2 60	0 65	Soit par semaine, 0 f. 05 c.
Troupes à cheval.	4 20	1 05	Soit *id.* 0 08

L'imputation au compte des hommes est trimestrielle et s'effectue pour le trimestre entier : elle est supportée par tous les sous-officiers et soldats compris dans l'effectif, et ayant eu droit, pendant le trimestre, à une allocation quelconque de la prime d'entretien de la masse individuelle.

Dépenses et paiements.

12. Toutes les dépenses de blanchissage sont supportées par la masse spéciale. Les paiements sont effectués par le trésorier, d'après les règles en usage pour les autres dépenses du corps.

Distinction des dépenses.

13. Le bordereau trimestriel des dépenses, dressé par le trésorier, présentera, dans deux colonnes séparées, les sommes afférentes à la masse individuelle pour le blanchissage du linge de troupe, et celles qui, précédemment, étaient supportées par la masse générale d'entretien.

Troupes en marche.

14. Les frais de blanchissage des troupes en marche, et de celles privées momentanément d'une buanderie militaire, sont acquittés par les fonds de la masse spéciale.

Tableaux. — Annexes.

15. Les instructions de détail, les divers tableaux, modèles et documents annexés au présent, sont considérés comme en faisant partie intégrante et seront exécutés selon leur forme et teneur.

Exécution du règlement.

16. Le présent règlement recevra son exécution au fur et à mesure de l'installation des buanderies militaires dans les hôpitaux et dans les places de garnison.

Abrogation des dispositions antérieures.

17. Seront successivement abrogées toutes dispositions antérieures relatives au blanchissage du linge dans les corps de troupe.

Paris, le 19 juillet 1854.

Le Maréchal de France, Ministre Secrétaire d'État au département de la guerre,

Signé : VAILLANT.

MODÈLES

ANNEXES AU RÈGLEMENT

SUR LE

SERVICE DU BLANCHISSAGE A LA VAPEUR.

Modèle N° 4.
(Art. 1er.)

EFFETS A BLANCHIR POUR LES SOUS-OFFICIERS ET SOLDATS.

DÉSIGNATION des EFFETS.	QUANTITÉS assignées aux troupes		PÉRIODICITÉ de rechange.	OBSERVATIONS.
	à pied.	à cheval.		
Chemises.	1	1	Hebdomadaire.	* A défaut, les sous - officiers pourront livrer, en remplacement, une chemise, un mouchoir et deux paires de chaussettes.
Caleçons.	1	1	Id.	
Mouchoirs de poche.	1	1	Id.	
Calottes de coton.	1	1	Tous les 15 jours.	
Paires de gants de coton.	1	»	Hebdomadaire.	
Pantalon de treillis.	»	1*	Id.	
Paires de guêtres blanches	1	»	Id. (durant le semestre d'été seulement.)	
Sacs de petite monture.	1	»	Tous les 3 mois.	
Sacs à distribution.	»	1*	Tous les 2 mois.	
Musettes.	»	1*	Tous les mois.	
Totaux	7	7		

MODÈLE Nº 2.
Art. 1er.

EFFETS A BLANCHIR

Pour la cuisine, l'infirmerie et les enfants de troupe au-dessous de 14 ans.

DÉSIGNATION des EFFETS.	QUANTITÉS ASSIGNÉES AUX			PÉRIODICITÉ de RECHANGE.	OBSERVAT.
	Enfants de troupe au-dessous de 14 ans.	Cuisines par comp^e, escadron ou batterie.	Infirmeries régimentaires.		
Chemises.	4	»	»	Hebdomadaire.	* Les quantités d'effets à l'usage des cuisines et des infirmeries régimentaires et leur périodicité de rechange seront proportionnées aux besoins du service spécial.
Caleçons.	4	»	»	Tous les 15 jours.	
Mouchoirs de poche.	4	»	»	Hebdomadaire.	
Calottes de coton.	4	»	»	Tous les 15 jours.	
Paires de gants de coton.	4	»	»	Idem.	
Paires de guêtres blanches.	4	»	»	Idem. (Durant le semestre d'été seulement.)	
Sacs de petite monture.	4	»	»	Tous les 3 mois.	
Blouses.	»	2	*		
Pantalons.	»	2	*		
Torchons.	»	2	*		
Bandes roulées.	»	»	*		
Linge à pansement. { Grand linge.	»	»	*		
{ Petit linge.	»	»	*		
TOTAUX.	7	6	»		

‹ DIVISION MILITAIRE.

RÉGIMENT

TROUPES A CHEVAL.

PLACE DE

Blanchissage hebdomadaire du

MODÈLE N° 4. — (Art. 9.)

EFFETS DES SOUS-OFFICIERS ET SOLDATS.

DÉSIGNATION des FRACTIONS DU CORPS.	EFFECTIF présent.		Chemises.	Caleçons.	Mouchoirs.	Pantalons de treillis.	Sacs à avoine (1).	Musette de passage ou de propreté (2).	Calottes.	Effets additionnels des s.-officiers.			POIDS TOTAL	OBSERVAT.
	Sous-officiers et brig.-fourriers.	Troupe et enfants de troupe au-des. de 14 ans.								Chemises (3)	Mouchoirs (3)	Chaussettes (paires) (3).		
Petit état-major et peloton bors rang														
1er escadron														
2e id.														
3e id. . . etc.														
TOTAUX														

EFFETS DE CUISINE, D'INFIRMERIE ET D'ENFANTS DE TROUPE.

	Blouses de cuis. et d'infirm. (4).	Pantal. de cuis. et d'infirm. (4).	Torchons (4).	Linge de pansement à relaver.			POIDS TOTAL.
				Bandes roulées.	Grand linge.	Petit linge.	
Enfants de troupe de 8 à 15 ans.							
Ordinaires.							
Infirmeries.							
TOTAUX							

(1) Les sacs à avoine ne devant être blanchis que tous les deux mois, seront livrés au blanchissage hebdomadaire dans la proportion de 1:8° de l'effectif.

(2) Les musettes seront livrées dans la proportion de 1:4.

(3) Les sous-officiers et brigadiers-fourriers ne faisant pas usage du pantalon de treillis, du sac à avoine et de la musette pourront, par compensation, substituer au blanchissage hebdomadaire, 1 chemise, 1 mouchoir et 2 paires de chaussettes; l'inscription sera spéciale

(4) Les blouses, pantalons et torchons seront livrés au blanchissage hebdomadaire dans la proportion de 2 par semaine et par ordinaire, et de 6 pour l'infirmerie (2 pour l'infirmerie du dépôt).

NOTA.—Le linge à pansement sera attaché par catégorie.

A   le   185

Le Major,

MODÈLE Nº 5.
Art. 8.

RÉGIMENT d

Carnet de blanchissage.

Le présent carnet contenant
feuillets, celui-ci non compris, destiné à l'inscription :

1º Des livraisons du linge au blanchissage,

2º Du nombre d'heures de travail du personnel des buandiers,

3º Des recettes et de l'emploi des objets de consommation, a été coté et parafé par nous, major du régiment, conformément aux prescriptions de l'article 8 du Règlement.

A   le   185 .

1ᵉʳ TRIMESTRE 1854.

Iʳᵉ PARTIE.

Inscription des livraisons hebdomadaires du linge sale.

DATES des livraisons hebdomadaires.	DÉSIGNATION des fractions de corps.	Chemises.	Caleçons.	Mouchoirs de poche.	Calottes de coton.	Pantalon de treillis.	Paires de gants de coton.	Paires de guêtres blanches.	Sacs à distribution.	Sacs de petite monture.	Musettes.	Blouses de cuisine et d'infirmerie.	Pantalon de cuisine et d'infirmerie.	Torchons.	Bandes roulées.	Grand linge à pansement.	Petit linge à pansement.	Effets à désinfecter.	Poids total du linge.	ÉMARGEMENT des parties prenantes, servant de récépissé-décharge lors de la remise du linge blanchi.
		QUANTITÉS DE LINGE							MISES AU BLANCHISSAGE.											
7 janvier.	Compagnie hors rang																			
	Premier bataillon . . { 1ʳᵉ compagnie.																			
	{ 2ᵉ compagnie.																			
	Enfants de troupe																			
	Cuisines																			
	Infirmerie régimentaire . .																			
	TOTAUX . . .																			

Certifié par le sous-officier, chef du service,

2ᵉ SEMESTRE 1854.

IIᵉ PARTIE.

Inscription nominative du personnel de la buanderie, avec indication du nombre d'heures de travail.

NUMÉROS matricules.	NOMS et prénoms.	GRADES et emplois.	NOMBRE JOURNALIER D'HEURES DE TRAVAIL.									OBSERVATIONS.
			Le 7 janvier.	Le 8 janvier.	Le 9 janvier.	Le 14 janvier.	Le 15 janvier.	Le 16 janvier.				
			heures.	heures.	heures.	heures.	heures.					
1548	ANCEAUX. . . .	1ᵉʳ soldat buandier . .	6	7	5 1r2	7	5					
1565	MARTIN. . . .	2ᵉ soldat buandier . .	6	7	5 1r2	7	6					
TOTAUX MENSUELS.												

Certifié par le sous officier, chef de service,

IIIe PARTIE.

INSCRIPTION

DES RECETTES ET DE L'EMPLOI DES OBJETS DE CONSOMMATION.

RECETTES.

DATES des Recettes.	DÉTAIL des Recettes.	Unités réglementaires.	Bois.	Charbon de terre.	Soude ou cristaux de soude.	Savon.	Huile à brûler.	Mèches.	DÉCOMPTE en deniers.
1er janv.		Kilogr. Nombr. Kilogr.							
	Totaux....								
	Report des consommations....								
1er avril 1854.	Reste disponible...								

CERTIFIÉ par le Sous-Officier chef

VÉRIFIÉ.
Le Trésorier,

APPROUVÉ :
Le Major,

CONSOMMATIONS.

DATES des Consommations.	DÉTAIL des Consommations.	Unités réglementaires.	Bois.	Charbon de terre.	Soude ou cristaux de soude.	Savon.	Huile à brûler.	Mèches.	DÉCOMPTE en deniers.

du service et arrêté aux quantités de

et à la somme de

A le 185 .

8

[illegible] Pour [illegible]

Le [illegible]
se m[illegible]

Ce [illegible]
plus [illegible]
dan[illegible]
empl[illegible]

Le [illegible]
A est [illegible]
est ri[illegible]
sur de [illegible]
d'eau [illegible]
Il [illegible]
dessin [illegible]
pièce [illegible]
et le [illegible]

INSTRUCTION

SUR LE

LESSIVAGE DU LINGE A LA VAPEUR.

(Pour être mise à la disposition du sous-officier chef du
service et du buandier-chef.)

———

Paris, le 24 mai 1855.

Les opérations du lessivage du linge à la vapeur sont
au nombre de sept :

      1° Triage,
      2° Trempage,
      3° Macération,
      4° Encuvage,
      5° Coulage,
      6° Savonnage et rinçage,
      7° Séchage.

Triage du linge.

Cette opération consiste à mettre à part le linge le
plus gras et le plus sale, notamment le linge de cuisine,
afin de le tremper dans une lessive plus forte que celle
employée pour le linge fin et peu souillé.

Trempage.

Le triage terminé, on passe à l'opération du trempage.
A cet effet, on met dissoudre, à froid ou chaud (ce qui
est indifférent), dans un large baquet, des cristaux de
soude dans la proportion de 20, 40, 60 grammes par litre
d'eau ou kilogramme de linge sec, suivant le degré de sa-
leté du linge. Le liquide doit d'ailleurs marquer au pèse-
lessive 2 à 3. On procède alors au trempage par 2 ou 3
pièces de linge à la fois, en commençant par le plus fin
et le moins sale, ayant soin de frotter dans la lessive les

parties imprégnées d'impuretés, telles que les poignets des manches et les cols, s'il s'agit des chemises. On tord le linge modérément, au fur et à mesure qu'il est bien saturé de lessive, et on le met à macérer dans un baquet jusqu'à la mise au cuvier. Pour le linge très sale, le linge de cuisine, on porte la lessive à 4, 5 et même 6 degrés, la malpropreté dont il est pénétré exigeant une force alcaline supérieure à celle déterminée pour le linge fin.

Macération.

Le linge étant ainsi préparé, on le laisse macérer dans la lessive 2 à 3 heures; plus ne peut nuire.

Encuvage.

On place d'abord perpendiculairement sur le double fond à claire-voie, de 3 à 6 rouleaux de bois de peuplier (suivant la grandeur du cuvier), un peu coniques par le bas pour faciliter leur enlèvement après encuvage complet. Les vides que laisse le retrait de ces rouleaux forment des cheminées ou passages pour la circulation de la vapeur. Les fuseaux dont le cuvier est garni à l'intérieur forment également de petites cheminées qui livrent passage à la vapeur sur le pourtour. On étend alors au fond du cuvier le linge le plus sale, qu'on a mis macérer à part. On jette plusieurs pièces à la fois, en ayant soin de les détordre, afin que la vapeur puisse mieux pénétrer le linge. On l'encuve dans l'ordre inverse de celui prescrit pour la macération. Le linge le moins gros et le moins sale est le dernier à être encuvé; il occupe par conséquent la partie supérieure du cuvier. D'après l'ancien procédé, on met au fond du cuvier le linge fin et les torchons dessus; d'après le nouveau, c'est précisément le contraire.

L'encuvage terminé, on enlève les rouleaux avec précaution pour donner libre passage à la vapeur, et l'on s'assure que les cheminées ne sont pas obstruées. Pour empêcher la vapeur d'arriver trop promptement sur la surface du linge, on bouche les ouvertures de cheminées avec des draps pliés en deux ou en quatre, suivant leur grandeur, ou autres pièces de linge. Il ne faut jamais que le linge touche au couvercle du cuvier. On foule légèrement le linge au fur et à mesure qu'on l'encuve.

Coulage.

Immédiatement après que le linge est encuvé, ou mieux encore, pendant qu'on l'encuve, on allume le feu et on l'entretient sous la chaudière pour que l'eau s'y vaporise constamment. Durant la première heure, on ouvre au tiers le robinet de rechange, successivement on projette dans le cuvier une plus grande masse de vapeur. Pendant les deux dernières heures, le robinet doit être entièrement ouvert. Le coulage dure de trois à six heures, suivant la grandeur du cuvier.

Si on coule simultanément plusieurs cuviers, l'opération dure un peu plus longtemps.

Il faut avoir soin d'alimenter la chaudière de manière à ce que l'eau y soit constamment en ébullition ; le tube de niveau indique la hauteur que l'eau doit avoir dans la chaudière. L'opération du coulage est terminée lorsque, dans toute l'étendue du cuvier, la température y est portée à 100° centigrades, ce qui se reconnaît à la chaleur des cercles en fer qui le relient et ne permet pas d'y maintenir la main. De demi-heure en demi-heure, on ouvre le robinet de décharge du cuvier pour faire écouler la lessive qu'on emploie, moins celle provenant des effets de cuisine, pour laver les effets de couleur et la laine.

Rinçage et savonnage.

Deux ou trois heures après qu'on a éteint le feu, ou mieux encore, lorsque le linge a passé la nuit dans le cuvier, on l'en retire pour le laver. Cette opération consiste à immerger le linge dans une rivière ou un bassin, et, à défaut de ces deux moyens, dans un cuvier. Lorsque le linge est bien lessivé, le savon n'est nécessaire qu'autant que quelques taches auraient résisté à l'action de la lessive. On frotte alors ces taches avec un peu de savon, jusqu'à ce que le linge soit entièrement propre.

8.

Les pièces de linge qui exigent l'emploi du savon (1 kilogr. pour 100 kilogr. de linge) sont lavées dans un baquet à part; là, le savon s'accumule graduellement et augmente l'action dissolvante de l'eau, ce qui concourt à l'économiser. Le linge savonné doit être dégorgé dans de nouvelles eaux claires, jusqu'à ce qu'il n'en trouble plus la transparence. Les opérations du lavage, du savonnage et du rinçage terminées, on tord le linge pour le mettre au séchoir.

Séchage.

On étend le linge, ou sur le gazon, ou sur des perches, ou sur des cordes. Quelques précautions sont à prendre en l'étendant; on doit s'assurer de la propreté des cordes ou des perches. Si l'on se sert de cordes, il faut fixer les pièces de linge avec de petits crochets de bois fendu ou épingles de blanchisseur.

RÉSUMÉ - CONSIGNE

DES OPÉRATIONS DU BLANCHISSAGE DU LINGE A LA VAPEUR, ÉNUMÉRÉES DANS L'ORDRE RIGOUREUX D'APPLICATION.

(Pour être affiché dans les buanderies.)

1° Assortir le linge de même finesse, et mettre à part le plus sale ;

2° Verser dans un baquet autant de litres d'eau qu'il y a de kilogrammes de linge sale à lessiver (1);

3° Faire dissoudre, à chaud ou à froid, des cristaux de soude dans la proportion de 30 à 40 grammes par

---

(1) Le poids des différentes pièces étant connu, on peut se dispenser de les peser. Les buandiers évaluent aisément le poids du linge sur lequel ils ont à opérer.

litre d'eau ou kilogramme de linge sec, 50 à 60 pour le linge très-sale ;

4° Ou mieux encore, déterminer la force de la lessive au moyen de l'aréomètre, méthode préférable aux balances ;

5° Proportionner la force alcaline de la lessive aux degrés de finesse et de malpropreté du linge,

2° pour le linge fin, à l'aréomètre,

2 1/2 à 3 pour le linge de corps, à l'aréomètre,

3 1/2 à 4° pour le linge de cuisine,   *id.*;

6° Immerger le linge dans cette lessive par deux ou trois pièces à la fois, en commençant par le plus fin et finissant par le plus gros et le plus sale ;

7° Frotter légèrement les taches et les parties souillées de crasse ou de graisse, tordre modérément ;

8° Déposer le linge saturé de lessive dans un baquet dit *auge à saturation* ;

9° Laisser macérer le linge dans la lessive de 2 à 3 heures : plus ne peut nuire ;

10° Remplir la chaudière d'eau pure jusqu'au niveau marqué à l'indicateur ;

11° Allumer le feu au moment d'encuver le linge ;

12° Placer perpendiculairement sur le double fond à claire-voie du cuvier les rouleaux destinés à former des cheminées ;

13° Encuver le linge tel qu'il se présente sous la main dans le baquet à macération, le plus gros et le plus sale au fond du cuvier, le plus fin au-dessus ;

14° Jeter plusieurs pièces de linge à la fois, les détordre, unir et fouler modérément ;

15° Enlever avec précaution les rouleaux, s'assurer au moyen d'une baguette que les cheminées ne sont pas obstruées ;

16° Boucher l'orifice des cheminées avec des pièces de linge pliées en 2 ou en 4 ;

17° Laisser un vide de quelques centimètres entre le couvercle du cuvier et le linge ;

18° Fermer hermétiquement le cuvier ;

19° Charger le couvercle de poids ou de pierres ;

placer des étais appuyés contre le plancher supérieur ou placer des agrafes sur les parois du cuvier;

20° Entretenir le feu sous la chaudière, maintenir l'eau constamment en ébullition ;

21° Alimenter la chaudière en eau froide ou chaude, veiller à ce que l'eau ne descende pas au-dessous du niveau déterminé par l'indicateur ;

22° De demi-heure en demi-heure, et plus souvent si on le juge nécessaire, ouvrir le robinet de décharge placé à la partie inférieure du cuvier pour faire écouler la lesssive ;

23° Conserver la lessive provenant du linge peu souillé pour laver les effets de couleur ou de laine ;

24° Laisser couler 3 à 6 heures, suivant la grandeur des cuviers, arrêter le feu, lorsque l'opération est terminée, ce qui se reconnaît à la chaleur brûlante des cercles du cuvier ;

25° 2 ou 3 heures après avoir arrêté le feu, ou mieux encore, lorsque le linge a passé la nuit dans le cuvier et qu'il est refroidi, le porter à la rivière ou au lavoir ;

26° Laver et rincer à grande eau, pièce par pièce; retourner celles qui sont doubles, comme les chemises; n'employer le battoir, *le plat seulement*, que pour le gros linge de cuisine ;

27° Frotter avec du savon les tâches qui auraient résisté à l'action de la lessive, ce qui a lieu lorsque la chaleur n'a pas été répartie également à 100° dans toutes les parties du cuvier. Laver le linge dans un baquet à part, le faire dégorger dans un autre baquet ;

28° Tordre le linge pour lui enlever la plus grande quantité possible d'eau dont il est imbibé ;

29° Faire sécher sur des cordes ou perches, dans des étendoirs couverts ou découverts, suivant la saison ;

30° Enlever le double fond du cuvier, laver l'intérieur à grande eau, passer un petit balai de chiendent dans les rainures, graisser avec du suif les robinets de conduite de la vapeur, nettoyer l'appareil avec de la corne de cerf brûlée et détrempée dans l'alcool.

(Journal militaire, t. 730.)

TABLE

DES

TITRES, CHAPITRES ET ARTICLES.

PRINCIPES GÉNÉRAUX DE LA SUBORDINATION.

TITRE PREMIER.

FONCTIONS INHÉRENTES A CHAQUE GRADE.

CHAPITRE PREMIER.
Colonel.

CHAPITRE III.
Chefs d'escadrons.

CHAPITRE VII.
Trésorier.

CHAPITRE VIII.
Officier d'habillement.

CHAPITRE X.
Chirurgien-major et chirurgiens aides-majors.

CAV.   9

CHAPITRE XXX.

Consigne des gardes d'écurie.

CHAPITRE XXXIII.
Travailleurs.

CHAPITRE XXXIV.
Tenue.

CHAPITRE XXXV.
REVUES.
Revues des inspecteurs généraux.

Revues des généraux.

Revues des intendants et sous-intendants militaires.

CHAPITRE XXXVI.
Permissions pour les sous-officiers, brigadiers et cavaliers.

CHAPITRE XXXVII.
Punitions.

CHAPITRE XLII.
Tables.

CHAPITRE XLIII.
Dettes des sous-officiers, brigadiers et cavaliers.

TITRE III.

ROUTES DANS L'INTÉRIEUR.

CHAPITRE XLIV.
Routes.

Logement.

Départ et marche.

Arrivée au gîte.

CHAPITRE XLV.

Détachements.

CHAPITRE XLVI.

Escortes.

FIN DE LA TABLE.

www.ingramcontent.com/pod-product-compliance
Lightning Source LLC
LaVergne TN
LVHW050801200726
843507LV00001B/174